KB121034

전기홍의
카페 창업 X파일

전기홍의 카페 창업 X파일

**10년 후에도
살아남을
카페 만들기**

전기홍 지음

일에일북

카페 장사법을 알면
장사 잘되는 카페로 만들 수 있다

전직 대기업 마케터의 카페 장사 16년
생존 전략 대공개

카페를 운영한 지도 햇수로 벌써 16년이 되었다. 처음에는 막연히 회사원의 월급으로는 50년이나 남은 인생을 살기에는 벅찰 것이라는 생각에 투잡으로 카페를 열었다.

당시에는 세상 무서운 줄 모르고 덤볐던 창업, 지금 돌이켜보면 실패할 확률이 90%나 되는 엄청난 모험에서 운 좋게도 살아나 종

자돈을 모았고, 그동안 경험한 크고 작은 시행착오들은 '반드시 성공하는 카페 운영 노하우'라는 선물로 남았다.

지금껏 카페를 운영하면서 늘 성공만 한 건 아니다. 마케팅 전공자로서 해보고 싶었던 수많은 마케팅 기법을 내 카페에 적용해보았다. 물론 성공보다는 실패가 더 많았다. 하지만 "실패는 성공의 어머니"라는 말처럼 실패의 원인은 무엇이고, 무엇을 어떻게 수정해야 성공으로 이끌 수 있는지에 대한 의미 있는 데이터를 얻었다. 덕분에 직장에 다니던 때 수행하던 광범위하고 기업 친화적인 마케팅 전략에서 벗어나 실질적인 카페 실무 마케팅에 대한 지식과 경험을 쌓을 수 있었다.

지금은 그동안 쌓은 카페 운영 노하우를 유튜브에서 영상을 통해 전하고 있다. 어떤 사람들은 왜 그런 귀한 콘텐츠를 그렇게 쉽게 공개하느냐고 묻는데, 그때마다 내 대답은 한결같다.

"다 같이 잘 살아야죠. 다들 잘 살면 더 재미있잖아요. 그리고 세상엔 나보다 잘하는 사람도 많고, 나만의 콘텐츠라 하기엔 카페 운영은 경험으로 해결되는 게 많아요. 그런 점들을 다른 사람들과 나눌 뿐이에요. 그 사람들이 어렵지 않게 자리 잡도록 돕는 거죠."

소리 소문도 없이 사라지는 카페들, 그들과 반대로 하면 성공한다!

그동안 카페를 운영하면서 많은 카페 사장들이 경영상의 어려움으로 자신의 분신과도 같은 카페의 문을 닫는 경우를 너무나도 많이 봐왔다. 그중에는 커피에 대한 궁금증을 시원하게 풀어줄 만큼 커피에 대한 지식과 내공이 높은 사람도 있었고, 개인적으로 친분을 쌓고 싶을 만큼 마음이 따뜻한 사람도 있었다. 그런 사람들이 '장사'라는 것을 잘하지 못해 문을 닫고 소리 소문도 없이 사라지는 것을 볼 때마다 어찌나 안타까운지, 내가 가진 노하우를 조금만 나눠줬더라면 어땠을까 하고 자책하기도 했다. 더는 그런 마음이 들지 않도록 몇몇 카페 사장과 함께 개인 카페 공동체를 만들었다.

처음엔 필자를 포함한 4명의 사장님들이 트위터에서 만나 카페를 운영하는 고충을 서로 털어놓고 얘기를 하다가 우연히 오프라인에서 만나게 되어서 "우리도 프랜차이즈처럼 모여서 공동 쿠폰이나 마케팅 활동 좀 해보죠? 십시일반 비용을 모으면 부담도 덜고 힘도 생기니깐 좋지 않을까요?"라고 농담 삼아 던진 말이 진지하게 발전된 것이다. 그렇게 서로를 위해 노하우도 공유하고 비용이 크게 들어가는 부분은 공동구매를 통해서 비용을 줄이고, 공부나 정보가 필요한 부분은 매달 세미나를 진행하여 채워 나갔다.

이렇게 10년 넘게 활동을 하다 보니 각자 사업의 규모도 커지고 지금은 서로 원하는 사업방향으로 사업체를 꾸려 나가게 되었다. 필자 역시 좀 더 체계적으로 원두납품처나 가맹점들에게 혜택을 줄 수 있게 되었고 그러다 보니 거래처들도 점점 늘어났다. 지금은 어느새 40여 개나 되는 가맹점과 400여 개의 원두납품처에 이를 정도로 사업이 확장되었다.

'생존과 상생!', 크레이저 커피가 지향하는 점은 바로 이거다. 우선 개별 매장들이 잘 성장하고 살아남을 수 있도록 크레이저 커피가 지원하고 그 매장들이 어느 정도 성장하면 이전에 자신들이 받았던 것처럼 다른 카페들에게 좋은 노하우를 제공해 서로 돕는 것이다. 지금껏 그렇게 욕심없이 서로 도와왔기에 광고 한 번 한 적 없어도 웬만한 중소 프랜차이즈보다도 많은 수의 거래처들이 함께하고 있는 것이다.

지속 가능한 카페 장사의 비밀!
내가 가진 노하우를 조금만 나눠줬더라면…

내가 이 책을 쓰게 된 이유는 이미 문을 연 카페가 성장하도록 도와주고, 카페 창업을 꿈꾸는 이들이 조금 더 체계적으로 준비할 수 있도록, 나아가 카페를 시작한 이들이 성공적인 창업 스토리를 써 나갈 수 있도록 도와주기 위함이다. 특히 대한민국 사회의 구조적·경제적 한계 때문에 비자발적으로 양산된 미취업 창업자(대졸 미취업 실업자), 명예 퇴직자, 은퇴자들에게 카페 창업이 생각만큼 녹록지 않음을 알려주고 싶었다.

이 책에는 지금 카페를 운영하며 어려움을 겪고 있는 사장님들이 가장 궁금해하거나 많이 질문해 왔던 고민들에 대한 답변을 핵심적으로 담았다. 지금 당장 매출을 내야 하는 전국의 500명 이상의 사장님들과 직접 만나 나눴던 고민과 대화들로, 카페라는 사업장을 운영하고 있는 사장님들에게는 이에 대한 해결책이 그 무엇보다도 시급하고 중요했다.

사장님들의 이런 고민들을 해결해가며 커피 전문 매거진에 약 1년 동안 '카페 이렇게 하면 망한다'라는 칼럼을 쓰게 됐고, 전국의 수많은 점주들에게 열광적인 반응을 받았다.

이 책에는 그 칼럼의 내용들을 담았으며 카페 장사의 교과서라 할 만한 내용들도 함께 담았다. 편하게 마주하고 앉아 묻고 답하던 느낌대로 서술되어 있기 때문에 매출 때문에 지끈거려 책을 읽기 힘든 상태라 할지라도 부담없이 읽어내려 갈 수 있을 것이다.

카페를 시작하려고 꿈꾸고 있거나 준비하고 있는 분을 위해 〔카페 창업노트)를 부록으로 덧붙였다. 이 내용은 오랫동안 카페를 운영하며, 또 많은 사장님들과 교류하며 정리한 '카페 창업 핵심 노트'라 해도 과언이 아니다. 그동안 카페 창업에 대해 조언을 구해오거나 컨설팅을 요청해오는 분들에게 드렸던 자료이기도 하다.

생각해보면 당연한 것들을 실전에서는 쉽게 놓치는 경우가 많다. 여기에는 실제 카페 창업 전 반드시 체크해야 할 사항들과 가상 사업계획서가 수록되어 있다. 부록에서 제공하는 체크리스트에 맞춰 꼼꼼하게 사업계획서를 작성하며 준비한다면 뒤늦게 땅을 치며 후회하는 일은 없을 것이다.

준비되지 않은 이들이 카페 창업의 세계로 뛰어들었다가는 그야말로 나락으로 떨어질 수 있다. 이에 나의 경험과 지식뿐만 아니라 성공과 실패를 경험한 다른 이들의 이야기도 함께 담아 카페를 시작하려는 사람들, 카페 운영에 애먹고 있는 사람들에게 조금이라도 도움이 되고자 한다.

마지막으로 온전히 나라는 인간을 믿고 사업 초기부터 따라온 크레이저 커피의 직원들과 우리 크레이저 커피를 믿고 따라주는 가맹점주와 원두 거래처들에게 감사의 인사를 전하고 싶다.

자신의 매장은 제쳐놓고 카페 유니온에 소속된 다른 회원의 카페를 돕는 데 발 벗고 뛰어다니는 카페 유니온 운영진과 우리를 믿고 따라주는 회원들에게 감사의 인사를 전하고 싶다. 그들이 있기에 감히 이 책을 쓸 용기를 낼 수 있었다. 또한 이 책은 우리 모두의 경험이 모아 만든 것이기에 내 것이 아닌 '우리의 책'임을 밝힌다.

전기홍

"제 경험과 지식, 여러 이야기를 담은 이 책이
카페를 시작하려는 사람들, 카페 운영에 애먹고 있는 사람들에게
조금이라도 도움이 되었으면 좋겠습니다."

CONTENTS

CHAPTER 1

커피인도 좋지만 장사꾼이 되어야 성공한다
롱런하는 카페 운영 전략

CHAPTER 2

매출 올리는 카페는 따로 있다!
무조건 성공하는 카페 운영 전략

CHAPTER 3

다시 가고 싶은 카페로 만들어라

100인 100색 접객 노하우

CHAPTER 4

살아남는 카페가 강한 것이다

번창과 확대를 위한 운영 노하우

프롤로그

　직장 다니던 시절 찰떡같이 붙어 다니던 A라는 후배 녀석이 있었어. 한동안 연락이 안 되다가 어느 날 갑자기 사무실로 불쑥 찾아와 의논할 게 있다면서 이런저런 얘기를 늘어놓는 거야. 장황한 근황 토크 뒤에 결국 하고 싶었던 말은 따로 있었어. 회사 때려 치고 카페나 한번 해볼까 하는데 형이 좀 도와줄 수 있냐라는 얘기였지. 그런데 이런 말이 있잖아. 회사 안은 전쟁터지만 회사 밖은 지옥이라는 거. 회사를 나와서 자영업이라는 세상에 뛰어드는 순간 꼬박꼬박 회사에서 넣어주던 월급은 사라지고 온전히 내가 열심히 일해서 번 돈으로 생활해야 하는 환경에 던져지는 거야.

　그런데 이런 말은 아무리 해도 직접 겪지 않으면 잘 공감되지 않거든. 나 역시 회사를 그만둘 때의 복잡한 상황과 심경을 알기에 한

번 마음먹은 퇴사의 의지를 막는다는 게 쉽지 않다는 걸 알아. 어떻게 보면 자기 의지와는 상관없이 회사를 나와야 하는 상황도 있거든. 그 녀석도 딱 그런 상황이었던 거지. 그래서 무조건적으로 회사를 나오지 말라는 말보다는 현실적으로 이 녀석이 뭘 알아야 하고 뭘 준비해야 되는지 하나하나 알려줘야 했어.

이 책은 내 후배와 같은 사람들을 위해 쓰게 된 책이야. 창업을 준비해야만 하는 사람들, 창업을 하고 싶은 사람들, 그리고 준비가 안 된 상황에서 창업을 이미 시작했지만 여전히 카페 운영에 대해 잘 모르는 사람들에게 한 줌의 도움이라도 줄 수 있을까 하는 마음에서 한 줄 한 줄 채우기 시작한 글이지. 이 글을 쓰면서 카페를 처음 시작했을 때의 내 모습과 그때의 어려웠던 상황들이 다시 떠올랐어. 아무것도 모르고 시작했기에 너무나 많은 시행착오와 무지막지한 수업료를 지불하고서야 깨닫게 된 게 너무 많아. 지금 알고 있는 것들을 그때 알았더라면 아마 난 창업을 안 했을 수도 있고 혹은 진짜 제대로, 효율적으로 했을 수도 있겠지.

창업에 대해 너무 긍정적인 기대감만을 가지는 건 금물이야. 처음 창업했을 때의 그 불안감은 정말 어마어마하거든. 지금 생각하면 난 도대체 무슨 생각으로 그렇게 겁 없이 창업을 시작했는지 도통 알 수가 없어. 장사가 잘되다가도 며칠 비가 많이 온다던가 학교에 방학이 시작되어 매출이 떨어지기 시작하면 이렇게 망하면 어쩌

나라는 걱정에 숨이 턱 막혀. 그러다 한밤중에 자다가도 벌떡 일어나서 지금이라도 다시 직장생활을 할까라는 고민으로 밤을 새는 날도 많았지. 나는 그대들이 나와 같은 과정을 겪지 않았으면 좋겠어.

이 책은 내가 후배에게 해주던 조언들을 좀 더 다양한 사례를 들어서 이해하기 쉽도록 설명하고 있어. 먼저 이 길을 걸어왔기에 얻을 수 있었던 경험과 노하우를 멘토로서 편하게 말을 건네듯이 전달할 거야. 어려운 이론만 설명하는 것보다 실제 겪었던 일들을 편하게 주고 받으면서 카페 창업의 현실을 깨닫고 또 어떻게 준비해야 하는지 고민할 수 있기를 바라. 자, 그럼 이제부터 이 책의 첫 장을 시작해보자고.

"나만의 콘텐츠라 하기에 카페 운영은
경험으로 해결되는 게 많아요.
그런 점들을 다른 사람들과 나눌 뿐이에요."

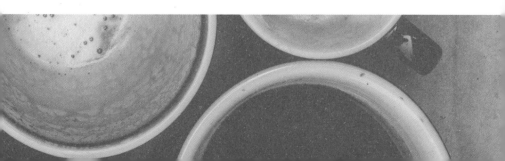

CHAPTER 1

커피인도 좋지만
장사꾼이 되어야 성공한다

롱런하는 카페 운영 전략

돈이 없어 못한다고?
지금 탓은 집어치워라

직장을 다니는 지인들이나 카페 오픈 컨설팅을 의뢰하는 사람들은 대체로 이렇게 묻지.

"카페를 하려면 돈이 얼마나 드나요?"

"돈이 별로 없는데 카페는 어렵겠죠?"

이런 질문을 하는 이들에게 나는 창업에 대해 두 번 더 생각해보라고 하고 그들을 말려보려고 하지, 아무런 준비도 없이 카페를 운영한다는 건 무척 어려운 일이거든, 그런데 처음부터 너무 돈 걱정만 하지는 마. 실제로는 적은 자본으로 성공을 거둔 이들이 꽤 많아.

어떤 이는 5평짜리 테이크 아웃 매장으로 시작해서 지금은 여러 매장을 운영하며 성공 스토리를 써나가기도 하고, 몇 년간 이동식 카페를 하다가 지금은 번듯한 매장을 몇 개씩 갖고 있는 사람도 있어. 반면에 몇몇 사람들은 자본이 든든해야 성공할 수 있다며 푸념만 늘어놓지.

과연 자본만 충분하면 될까? 물론 자본이 넉넉한 사람은 그만큼 성공을 향해 쉽게 나아갈 수 있겠지. 하지만 그렇지 못한 사람도 많아. 주변을 돌아봐, 무지막지하게 자본을 쏟아부은 프랜차이즈 카페가 모두 성공했는지 말이야. 그대는 상상도 못할 정도로 많은 프랜차이즈 카페가 매일같이 문을 닫고 있다고.

카페 창업은 자본뿐만 아니라 사업자의 마음가짐, 기회의 활용, 창업에 대한 접근 방법에 따라 그 결과가 달라져. 창업이라 할 정도는 아니지만 나름 처음 벌인 사업에 대한 이야기를 해줄게.

기회를 잡아 과감히 베팅하다

대학을 다니던 2000년 5월 미국으로 어학연수를 떠났어. 당시에는 형편이 어려워서 막노동이나 아르바이트를 해서 모은 돈과 장학금으로 경비를 충당했지. 학교는 미국 내에서 가장 학비가 저렴한 미시시피 주립대와 네브라스카 주립대로 정했어. 현지 생활비를 충당하기 위해서 학교 내 카페테리아에서 아르바이트를 했지.

그러던 어느 날 한 흑인 친구가 한문으로 문신을 하고 와선 나에게 자랑을 하는 거야. '愛'자를 새겼더라고. 왜 그 글자를 새겼냐고 물으니 그 친구의 눈에는 한자가 화려하고 역동적으로 보인대, 마치 화려한 그림처럼 말이야. 그래서 중국인은 아니지만 나도 간단한 한자 정도는 안다고 하니까 그 친구는 덩치에 맞지 않게 애교를 부리며 한자를 가르쳐 달라고 하더군.

그때 반짝 아이디어가 떠올랐어. 그래서 연수원 동기인 중국인 친구에게 내게 괜찮은 비즈니스 아이디어가 있으니 내가 시키는 대로만 해주면 수익의 30%를 주겠다고 했지. 그다음 날부터 우리는 학교 내 카페테리아에 테이블을 차렸어. 그리고 무형의 제품인 '한자'를 판매했지. 그즈음 미국에서는 한자로 문신하는 것이 막 유행하기 시작했어. 그런데 타투숍에는 샘플이 50여 개밖에 없어서 고객이 원하는 글자를 마음대로 선택할 수가 없었어. 지금처럼 사이트 내 번역 기능이 훌륭하지 못했기에 당시 내 사업 아이템은 꽤 성공적이었어.

나는 커다란 전지를 한 장 사서 큰 글씨로 "sell the chinese character! 1$ per 1 character! and free korean character!(한자 판매합니다. 1개에 1달러, 한글은 무료입니다!)"라는 세 문장을 썼지. 다른 학생들이 내 사업 아이템을 베끼더라도 차별성을 두기 위해 한글을 무료로 나눠주는 이벤트를 실시해 사전에 진입장벽을 쳐놓았어.

아무튼 글자를 판매한다는 이 아이템으로 얼마를 벌었는지 알아? 중국인 친구에게 수익의 30%를 주고도 한 학기 수업료인 2,900달러와 2,500달러짜리 중고차, 그리고 시카고 여행경비까지 벌었어.

자본금이라고는 전지 한 장 값 들인 이 아이디어 하나로 3주 동안 우리나라 돈으로 600만 원 이상을 번거야. 곧 중국 학생들이 너나 할 것 없이 내 사업 아이템을 따라 하는 바람에 더는 사업을 이어나갈 수는 없었지만 나름 만족스러웠어.

내 이야기를 들은 지인들은 대부분 그런 아이템이 가능하다니 정말 운이 좋았다고 말해. 물론 나도 그렇게 생각해. 하지만 그들이 간과한 게 있어. 운이 따르려면 그 운이 내게 작용하도록 행동해야 한다는 거야.

시작이 없으면 결과도 없어. 내가 아이디어를 떠올리고도 아무것도 하지 않았다면 나는 그해 겨울을 카페테리아에서 샌드위치를 만들며 보내고 말았을 거야.

나는 그 사업 아이템을 대단하게 여기지는 않아. 아마도 나 말고 꽤 많은 사람이 그런 생각을 했을 테지. 다만 나는 그것을 '기회'라 여기고 과감하게 베팅한 것뿐이야. '밑져야 본전'이라는 생각으로 용감하게 뛰어든 거지.

창업 성공의 세 가지 원칙

내가 말하고자 하는 바를 간단히 정리해보면, 창업할 때 ① 시장의 환경을 읽고 ② 사소한 기회를 흘리지 않으며 ③ 과감하게 실행하라는 거야. 한자 문신에 대한 수요가 점점 늘고있지만 한자 콘텐츠가 현저히 부족했던 당시 시장의 흐름을 읽어냈고, 이러한 수요를 사업 기회로 여긴 사람이 없었다는 점을 알아챘으며, 이 기회를 놓치지않고 순발력 있게 전략 파트너(중국인 친구)를 구해 사업을 시작했다는 거야. 이는 모든 분야의 창업에 기본 철칙이라 할 수 있어. 그동안 여러 창업 관련 콘텐츠를 접해봤다면 그대는 아마도 고개를 끄덕이고 있을 거야.

하지만 수긍이 가는 이 간단한 이론을 실행하는 사람은 그리 많지 않아. 실제로 이런 내용을 잘 알고 있다면, 마음속에 새겨둬. 그러면 단순히 커피 맛이 좋고 인테리어가 훌륭하며 손님의 발길이 자주 머물 만한 곳에 카페 문을 열면 성공할 것이라고 막연히 기대하기보다는, 커피 시장의 흐름을 읽고 좋은 기회가 왔을 때 과감히 실행하도록 철저히 준비할 수 있을 거야. 단, 대책 없이 실행하면 쪽박은 따 놓은 당상임을 명심해야 해.

카페 장사,
이렇게 하면 망한다

커피 한 잔이 간절하다면, 문 밖을 나서기만 해도 쉽게 카페를 찾을 수 있어. 하지만 이들 카페 중 절반이 일 년이 안 돼 문을 닫고 말지. 그런데도 이런 사실을 아는지 모르는지 여전히 카페 창업 예정자는 줄을 서서 기다리고 있어. 문제는 이들 중 십중팔구는 카페를 창업할 준비가 되지 않았다는 거야. 참, 답답한 노릇이지. 안 그래?

왜 그들은 카페를 하려는 걸까? 카페 문을 열기만 하면 매출이 쑥쑥 올라 금세 갑부가 되는 것도 아니고, 애초에 자본금이 적게 드는 것도 아닌데 말이야.

카페를 하려는 이유?

내게 카페 창업에 대해 문의를 하는 이들의 이야기를 들어보면, 그들이 카페를 하려는 이유는 크게 세 가지야.

하나, "그냥 카페를 하면 좋을 것 같아"

- 월급쟁이를 그만두고 다른 일을 하고 싶은데, 특별한 기술도 자격도 없어요. 그나마 카페가 가장 쉬울 것 같아요.
- 명예퇴직 했는데 달리 할 수 있는 게 없어요.
- 카페는 적든 많든 손님이 들어오면 그게 바로 수입이 되잖아요.
- 우선은 돈이나 벌자는 생각이에요.
- 카페 사장은 왠지 멋있어 보이거든요. 폼 나잖아요.
- 더 이상 월급쟁이는 하고 싶지 않아요. 이제는 내가 주도적으로 할 수 있는 일을 하고 싶어요.
- 커피를 좋아하거든요. 내가 카페 주인이면 마음껏 커피를 즐길 수 있잖아요. 게다가 남의 눈치 안 보고 내 생활도 마음껏 할 수 있고 말이죠.

이들은 카페와 관련하여 명확한 창업 의지가 있거나 탄탄하게 창업 준비를 해왔기 때문에 하려는 게 아니야. 단지 쉽게 '돈'을 벌 수 있을 것 같아서 카페를 선택한 거야. 단시간에 홀딱 망하기 좋지. 실제로도 이런 유형은 90% 이상이 일 년 만에 카페 문을 닫고 말아.

안타까운 점은 이들 대부분이 생계를 위해 카페를 시작한다는 거야. 이런 유형의 사람들이 카페 컨설팅을 의뢰해오면 나는 진심을 다해 그 일이 맞지 않으니 하지 말라고 말려.

혹 그대도 이런 유형이라면 일찌감치 마음을 고쳐먹기를 바라.

둘, "커피가 너~무 좋아"

- 커피를 엄청 좋아해요. 특히 직접 내려 마시는 걸 즐기죠.
- 나만의 개성이 담긴 커피를 만들고 싶어요. 다른 사람에게도 그 맛을 보여주고 싶어요.
- 진즉에 커피 관련 자격증을 취득했다니까요. 매니저 일도 해봤고, 아르바이트도 해봐서 문제없어요.

취미로 시작한 것이 인생 목표가 된 유형이야. 이들은 카페 창업에 대한 의지가 확고하기 때문에 성공할 확률이 높아. 그러나 커피의 맛에 너무 신경 쓰는 탓에 다른 부분은 소홀히 하다가 실패할 수가 있어. 한마디로 제품을 잘 만드는 기술자라고 다 장사를 잘하리란 법은 없는 거야.

제품을 잘 만드는 것과 마케팅이나 운영을 잘하는 것은 별개의 문제야. 커피 맛은 끝내주는데 장사는 영 젬병인 경우가 꽤 있지. 혹시 본인이 이런 유형이라면 커피 교육업이나 커피 관련 수입업체 쪽으로 방향을 전환하는 것이 좋을 거야.

셋, "어느 세월에 돈 벌어? 이 일도 하고 저 일도 해야지"

- 회사 근처에 가족 명의로 카페를 열어 회사 사람들을 손님으로 끌어들이면 돼요.

- 종교 관련 단체에서 카페를 한다는 소식을 들었어요. 종교가 있는 제가 하면 승산이 있을 거 같아요. 주인이 종교가 있으면 근처 손님들이 좋아할 거예요.

- 회사에서 복리 후생시설 차원으로 카페를 연대요. 같은 회사 직원인 제가 하면 잘될 것 같아요.

- 급여만으로는 먹고 사는 게 힘들어요. 노후를 대비하려면 또 다른 수익이 있어야 해요. 그런 면에서 카페가 좋은 것 같아요.

- 제 일과 관련해서 사무실 겸 안테나숍으로 활용하고 돈도 벌고 카페가 적격이죠.

그나마 가장 실패할 확률이 적은 유형이야. 회사나 종교 시설과 관련이 있다면 매출 면에서 크게 문제될 것이 없고, 매출이 부진하더라도 다른 일을 겸하기 때문에 금전적 위험을 분산시킬 수도 있어.

나도 투잡으로 카페를 시작했어. 잡지사 마케팅 팀에서 근무할 때 친분을 쌓은 기자들이 홍보 기사를 써주고 가끔 연예인 인터뷰를 내 카페에서 한 덕분에 홍보에 큰 도움이 됐지. 간혹 매출 부진에 시달릴 때면 회사의 급여로 경제적인 불안감을 해소할 수 있었어. 카페의 매출이 좋을 때는 회사의 급여가 마치 보너스 같았다니까.

그래서 나는 창업을 하려는 이들에게 가급적이면 투잡으로 시작할 것을 권하지. 달걀은 한 바구니에 담지 말라잖아. 이렇듯 포트폴리오를 구성해서 위험을 분산시키는 거야. 이후에 카페가 잘되면 그때 다니던 회사를 관두고 카페에만 집중해도 늦지 않으니까 말이야.

카페에 성공 기운 넣으려면

그대는 어느 유형에 속하는 것 같아? 이젠 왜 그대가 성공하고 실패하는지 그 이유를 조금은 알 수 있을 거야. 만일 그대의 카페가 점점 실패 쪽으로 기우는 것 같다면, 어떻게 해야 다시 성공의 기운으로 몰아갈 수 있을까?

- **커피에 대한 열정** | 호기롭게 시작한 카페 일에 지친다면 아마도 이것이 사라지고 있을 거야.
- **커피 외의 음료와 디저트에 대한 탐구심** | 카페의 발전을 위한다면 반드

시 명심할 것.

- **장인정신** | 자영업자에겐 필수 덕목이야.

- **운영에 대한 지식과 경험** | 두말하면 잔소리지.

- **인적 네트워크** | 인맥이 좋으면 무슨 일이든 성공할 수 있어.

- **좋은 직원** | 함께할 수 있는 직원을 둔 사람은 분명 성공할 수 있어.

- **적정한 자본** | 너무 많아도 적어도 문제!

대략적으로 이런 것들을 갖추면 카페 문을 연 지 일 년도 안 돼 정리해야 하는 불상사는 벌어지지 않을 거야. 카페를 시작하려는 그대의 동기가 무엇이든 간에 위의 조건은 모두 갖추길 바라.

이 가운데 한두 가지 빼먹는다고 해서 실패하지는 않겠지만, 장기적인 측면에서 분명 필요한 것들이니까 말이야.

손님이 가고 싶어하는 카페의 조건

이번에는 입장을 바꿔서 손님이 바라는 카페에 대해 알아보도록 하지.

- 커피의 맛이 대단히 훌륭하지 않아도 장사가 잘되는 곳이 많아요. 그래

도 본질적으로는 커피의 맛이 좋아야죠.

- 꼭 커피만 마셔야 하나요? 커피를 못 마시는 사람도 즐길 수 있었으면 좋겠어요. 가끔 커피 말고도 상큼한 과일주스나 심신을 안정시켜주는 허브차가 끌릴 때가 있잖아요.

- 가끔 간단하게 요기하고 싶을 때가 있어요. 분위기 있는 차 한 잔과 살짝 허기를 면할 수 있는 사이드 메뉴가 있다면 금상첨화죠.

- 요즘엔 음료 값이 밥 값 못지않아요. 음료만 마실 거면 굳이 뭐하러 카페를 가겠어요. 테이크 아웃을 하거나 사무실에서 믹스커피를 마시고 말지.

- 카페의 분위기도 중요해요. 나만의 여유를 즐길 수 있는 장소가 필요한 거죠. 저절로 인테리어가 잘된 카페를 찾게 돼요.

- 서비스도 좋아야 해요. 공짜로 마시는 것도 아니고, 친절한 서비스에 기분 좋게 음료를 마시고 오면 도리어 돈을 번 것 같다니까요.

- 가격이 비싸면 부담스러워요. 아무리 카페 분위기가 좋아도 고작 한두 시간 머무는 건데, 사실 재료비가 그렇게 많이 드는 것도 아니고 말이죠. 그렇다고 가격이 터무니없이 저렴하면 좋지 않은 재료를 쓴 건가 싶어서 찜찜해요.

- 인상이 좋은 주인이나 직원이 친절하게 대하면 왠지 귀한 손님으로 대접 받는 것 같아서 기분이 좋아요. 내가 원하는 대로 세세하게 주문할 수도 있죠. 아무래도 그런 카페를 자주 찾게 돼요.

손님 입장에서는 자기가 지불한 금액만큼의 가치를 원해. 만일 위의 조건 중 한두 가지를 빠뜨린다면 몇 번은 당신의 매장을 찾겠지만, 지속적으로 들르는 단골이 되거나 지인들에게 소개하지는 않을 거야.

그대의 카페가 항상 손님들로 북적이고 많은 단골을 확보해 그들이 알아서 입소문을 내는, 소위 '잘나가는 카페'가 되려면 지금까지 살펴본 조건들을 모두 충족해야 해. 그리고 이런 요소들을 갖추기 위해 무엇을 준비해야 하는지 철저히 계산해서 하나둘 실행해 나가라고.

'대충 하면 되겠지'라는 생각은 금물이야!

누구나 처음엔 잘 모르니 걱정 안 해도 된다

내가 카페를 창업하려고 마음먹었던 때는 스타벅스가 처음 우리나라에 들어오면서 에스프레소 계열의 커피가 막 붐을 일으키던 시절이었지. 그때만 해도 커피에 대한 전문 지식을 쌓은 사람이 많지 않았고, 커피 맛에 대한 사람들의 기대치도 높지 않았어. 카페를 해보겠다고 사업계획서를 작성하면서도 커피는 단순한 음료라는 생각에 마케팅 전략 수립에만 열을 올렸어. 투잡으로 카페를 하면서 수익 포트폴리오를 만들어보겠다는 심산이었던 거야. 커피에 대해선 아무것도 몰랐지.

그때 나와 같이 카페 창업을 꿈꾸던 친구가 있었어. 그는 어떤 분야든 확실히 공부를 해서 어느 정도 수준에 이르렀다 싶을 때 사업을 시작해야 한다고 생각했지. 그런데 그 친구, 지금도 여전히 커피 공부만 하고 다녀. 아마도 카페 창업은커녕 공부만 하다가 말 것 같아.

물론 공부를 많이 해서 손해 볼 건 없어. 무조건 성공한다는 보장은 없지만, 실패할 확률은 확실히 줄일 수 있지. 하지만 나름대로 완벽하게 준비했다고 해도 언제 어디서 어떤 돌발변수가 생길지 모르는 법이잖아. 나처럼 잘 모르고 출발해도 시행착오를 겪다 보면 그게 더 훌륭한 자산이 되기도 해.

커피 공부 & 경영 공부는 어떻게 해야 하나

커피 공부만 하다가 헛다리 짚은 예를 한번 들어볼게. H카페의 사장은 창업 전에 커피 공부를 꽤나 했어. 바리스타 큐그레이더(생두 감별사) 같은 커피 관련 자격증뿐만 아니라 관련 세미나도 바쁘게 찾아다니면서 수료증은 다 받았어. 그러고 나선 자신 있게 카페를 시작했지. 그런데 정작 실무에 대해선 아무것도 몰라 우왕좌왕한 거야.

맛있는 음료를 담을 컵이나 잔을 어떤 것을 선택해야 할지, 아카

데미에서 배운 베리에이션 메뉴에는 어떤 시럽이 잘 어울리는지, 커피를 제외한 어떤 음료가 상권에 잘 맞는지, 사이드 메뉴의 레시피는 무엇인지, 직원은 어떻게 뽑고 다뤄야 하는지 몰라서 헤매기 일쑤였어.

결국 오랜 시간이 흘러 이런저런 시행착오를 겪은 뒤에야 커피 공부는 카페 운영의 일부분임을 깨달았지.

카페 창업을 준비하다 보면 커피 장비에 대한 여러 조언을 듣게 돼. L머신은 고가이지만 기능이 뛰어나 반드시 구매해야 한다든가, 초반에 좋은 제품들로 구성해야 카페 분위기가 산다든가 하는 이야기 말이야. 더욱이 사기는 아니지만 터무니없이 비싼 값에 장비를 판매하는 영업자들의 부추김에 넘어가 자기도 모르는 새 고가의 장비가 턱 하니 배달되어 있기도 하지.

하지만 아무리 좋은 장비라도 각자 주인이 있는 법이야. 하루 매출이 30만 원 선인 매장에서 2천만 원짜리 에스프레소 머신을 설치한 것을 본 적이 있어. 장비 구입 비용을 줄여 500만 원짜리로 들여놓으면, 월세가 150만 원이라고 할 때 10개월 치 월세를 대신할 수 있지. 매출이 거의 오르지 않는다고 쳐도 10개월은 너끈히 버틸 수 있어. 물론 저가형 장비라 커피맛의 유지라든가 기능적인 불편함이 있겠지만 괜한 장비 욕심으로 고생할 필요는 없잖아.

임대의 경우도 마찬가지야. 강남역 같은 대형 상권에 가보면 규모가 큰 카페들이 많지. 한눈에 봐도 손님이 바글바글 하니 제법 잘 벌겠다 싶을 거야. 그러다 보니 카페 하면 넓은 매장을 떠올리기 십상이야. 이런 까닭에 막연한 기대에 부풀어 무리하게 대출을 받아 평수가 넓은 장소를 임대하는 사람들이 많아. 카페의 규모가 크고 인테리어가 좋으면 사람들이 마구 쏟아져 들어올 것만 같은 착각에 빠지는 거지. 이런 속담이 생각나네.

"뱁새가 황새 쫓아가다가는 가랑이 찢어진다."

각자 형편에 맞게 시작해야 무리가 없어. 자금의 여유가 없는 마당에 돈을 벌기도 전에 빚부터 내는 일을 하지 말아야지. 카페를 시작하자마자 단박에 빚을 청산할 만큼 장사가 잘된다고 할 수는 없잖아.

완벽한 카페를 시작할 수 있을까?

카페를 시작하기에 앞서 철저히 준비한다 해도 결국은 무언가 부족하다는 점을 깨닫게 될 거야.

최상의 여건, 최고의 장비, 최대의 시설을 갖춰도 성공한다고 장담할 수는 없으니까. 아무리 잘나가는 카페를 벤치마킹한다 해도 주변 상권도, 카페를 찾는 손님도, 손님을 대하는 직원과 사장도 다르기 때문에 결과는 같을 수가 없어. 그러므로 가끔은 그대보다 먼저 카페를 창업한 선배들을 찾아가 조언을 구하는 것이 좋아. 그리고 적당히 공부하고, 적절한 장비를 갖추며, 그대의 경제적 규모에 맞게 카페를 운영해 나가야 해.

부족한 건 채울 수 있는 자리가 있다는 거잖아. 빈자리를 하나씩 채워가면서 그대의 카페가 조금씩 성장해 나가는 것을 즐겁게 지켜보자고.

잘못된 입지 선정,
되돌리기 어렵다

하루는 신사동에 위치한 I카페의 사장과 원두 납품에 관한 대화를 나누었지. 그는 갑자기 나에게 이런 말을 했어.

"작년에 부동산 중개인과 지금의 매장을 보러 왔어. 그때가 점심시간이었는데 이 골목을 지나다니는 사람들이 엄청 많은 거야. 그걸 보니 이곳은 뭘 해도 되겠구나 싶더라고. 주변에 카페들이 좀 많은 편이었는데, 저 많은 사람 중에 1%만 들어와도 장사가 잘되겠다 싶었어. 젠장, 지금 보니 우리 매장은 사람들이 머무는 골목이 아니라 그냥 지나치는 길에 있는 거야. 카페라는 업종이 좀 그럴싸한 인테리어로 사람들을 끌어들이면 되는 줄 알았는데 말이야. 이 '목'이라는 것도 유동인구만 볼 게 아니라 고려해야 할 게 너무 많더라고. 어휴, 이런 소리를 해봐야 뭐 해. 이미 늦었는데. 처음부터 다시 하라고 하면 정말 잘할 수 있을 것 같아."

좋은 입지의 조건

장사가 잘되려면 첫째도 '목'이요, 둘째도 '목'이다라는 말이 있지.

식당, 편의점, 카페 할 것 없이 자영업자들에겐 손님들이 들 만한 자리를 찾는 것이 우선순위야. 목이 안 좋으면 제 아무리 '장사의 신'이라 해도 먹고살기 힘들다고 할 정도지. 흔히 '목'이라는 것, 즉 좋은 입지란 유동인구가 많아서 손님으로 매장이 북적일 것 같은 곳이라고 생각하는 거야.

그런 이유로 I카페의 사장은 월세가 비싼데도 현재의 매장을 인수했어. 문제는 월세, 부대비용, 인건비 등을 제외하고 수익이라곤 100만 원도 채 안 된다는 거야. 또 경기 상황에 따라 매출의 유동성이 커지면 적자인 달도 꽤 된다고 하더군. 이렇게 창업 경험이 일천한 사람들은 눈에 보이는 것에만 혹해서 일을 시작해. 그러다 보니 남는 건 한숨과 후회뿐이요, 그마저도 오래가지 못하는 거야.

그렇다면 입지가 좋은 곳은 어디일까? 어떤 점을 신중하게 봐야 할까? 우선 하루에 얼마나 많은 사람이 지나다니는가?(유동인구) 시간대별로 사람들이 얼마나 지나다니는가?(시간대별 통행량), 얼마나 많은 사람이 매장으로 들어가는가?(매장의 고객 내점율), 회사가 밀접한 지역인가, 일반 주택가인가?(오피스 상권, 주거 상권) 등을 살펴봐야 해.

한 발 더 나아가 유동인구를 조사할 때는 성별, 연령별로 고객을 분석하고, 각 고객층별로 구매 형태가 어떤지도 조사해봐야 하지. 또 시간대별 고객들의 성향을 분석하고, 어느 고객층이 매장 주변을 지나다니는지도 확인해봐야 해.

건물 자체도 중요하다

'목'에 대한 하드웨어적인 부분을 확인했으면, 이제는 매장 계약 시 일어날 수 있는 사항들을 살펴볼게. 창업 초보들은 건물주에 대한 사항을 간과하는 경향이 있어. 골치 아픈 건물주를 만나면 고생문을 향해 제 발로 걸어 들어가는 꼴이지. 간혹 어떤 건물주는 카페가 잘된다 싶으면 재계약 때 월세를 과하게 올리거나 자신이 식당을 운영할 거라면서 쫓아내기도 해. 따라서 계약 전에 건물주의 성향과 계약서에 반드시 명기해야 할 점들을 파악하는 게 좋아. 이렇게 만반의 대비를 한다 해도 언제든 문제가 생길 수 있어. 최근에는 임차인들을 위해 임대차보호법이 많이 개정이 되어서 임차인들에게 많이 좋아진 상황이지만 혹여나 법적 분쟁이 일어난다면 시간적으로나 경제적으로 손실을 피할 수는 없으므로 반드시 건물주에 대해 확인해보라고.

다음으로 중요한 건 건물의 법적인 쟁점이야. 일단 건물의 등기부등본, 도시계획확인원, 건축물 대장을 살펴봐야 해. 방심하다가는 신문에 부동산 경매 매물로 자신의 카페가 나올 수 있어. 등기부등본, 도시계획확인원, 건축물대장 보는 법은 각종 포털 사이트에 자세하게 나와 있으니 직접 알아보는 적극성을 띠어보길 바라. 스스로 공부하고 깨우치는 것만큼 확실한 건 없으니까 말이야.

'목'이 매장의 성공에 큰 비중을 차지하는 건 부정할 수 없어. '목'이 좋지 않더라도 기발한 마케팅 기법으로 성공하는 사람도 있고, 시행착오를 통해 무너져가는 매장을 다시 성공의 길로 이끈 사람도 있어. 이런 부수적인 노력을 행하기 전에 입지 조건이 좋은 매장을 찾는다면 좋겠지만, 그런 곳을 찾기란 쉽지 않지. 그대 말고도 행운을 끌어들이기 위해 애쓴 사람들은 얼마든지 있으니까 말이야. 혹 그대가 창업을 하기 위해 매장을 알아보고 있다면 앞서 말한 것부터 면밀히 잘 살펴보라고. 첫 단추를 잘 끼워야 끝까지 다 채울 수 있음을 명심해.

없앨 순 없지만 반드시 알아야 하는 권리금의 실체

매장 매물을 조사하다 보면 권리금이라는 말을 굉장히 자주 듣게 될 거야. 그런데 도대체 권리금이 얼마로 책정되고, 어느 부분이 법적으로 보장이 되고 안 되는지 참 골치 아프지?

10년 전 얘기를 해줄게. 이촌동에서 20평 규모의 매장을 권리금 4천만 원에 인수한 J카페의 사장은 2년간 고생한 끝에 드디어 카페가 잘 굴러가게 되었어. 그런데 재계약 6개월 전에 갑자기 건물주가 매장을 비워달라는 거야. 사정을 해봤지만 건물주는 귀를 닫고 어떤 말도 듣지 않았지. 결국 법정 공방을 벌여봐야 득이 될 게 없다고 여기고 권리금을 포기한 채 다른 곳으로 옮겼어. 황당한 건 그

자리에 건물주의 아들이 카페를 시작한 거야.

J카페가 잘되니까 임대료를 받는 것보다는 아들이 그 자리에서 카페를 하면 돈을 더 벌 수 있겠다는 계산에 그리 야박하게 군 모양이야. 나중에 J카페의 사장이 그 사실을 알고 나서 권리금을 받아내려 했지만, 법적으로 해결할 방법은 없었어. 지금은 상가임대차보호법이 크게 개선되어서 법적으로 보호를 받거나 추후 보상을 받을 방법이 있지만 그때는 그럴 방법이 없었지. 그리고 또 여전히 상가임대차보호법의 테두리에 들어오지 못하는 점포들도 많기에 부동산 계약 전에 반드시 체크해야 해. 이외에도 정부 시책이나 재개발 같은 외압에 울며 겨자먹기로 쫓겨나기도 해. 이런 이유로 건물을 허물면 권리금은 한 푼도 돌려받을 수 없어.

권리금은 무엇일까?

혹시 권리금 장사라는 걸 들어본 적 있어? 권리금 없이 비어 있는 매장에서 카페나 식당을 열었다가 손님이 늘면 6개월 후에 매장을 다른 사람에게 넘기면서 권리금을 챙기는 거야. 눈앞에서 코 베어가는 전형적인 부동산 장사꾼이지.

신기하게도 이런 것도 재주라고 권리금 장사로 먹고사는 사람이 많아. 아무튼 목마른 놈이 우물 판다고, 그 매장이 마음에 들면 권리금을 줄 수밖에 없는 것이 현실이지.

그렇다면 권리금이 무엇인지 확실하게 알아야겠지? 나중에 문제가 생겼을 때를 대비하고, 애초에 권리금과 관련하여 손해 볼 일을 미연에 방지하려면 말이야.

권리금이란 기존에 해당 점포를 보유했던 사람의 영업방식을 이어 받는 대가로 지급하는 돈이야. 이는 바닥권리금, 영업권리금, 시설권리금으로 나눠지. 바닥권리금은 말 그대로 상권과 입지를 말해. 역세권이나 유동인구가 많은 곳일수록 바닥권리금이 높아.

영업권리금은 이전 사업자가 확보한 단골에 대한 비용이야. 단골이 많을수록 기본 매출이 높아지지. 대체로 영업권리금이 높은 업종은 학원이야. 학생 수가 매출로 직결되기 때문이야. 시설권리금은 감가상각 후 남은 시설의 가치를 말해.

권리금은 상가를 매입하거나 임차할 때 관행적으로만 인정되었던 부분이지만, 2015년 상가건물임대차보호법이 개정되면서 그나마 '권리금 회수 기회 보호' 조항이 삽입되었어. 그렇다고 해도 권리금에 대한 명확한 법 규정 자체는 여전히 없단 말이지.

사실 성공적으로 카페를 창업하기 위해서는 입지가 좋은 매장을 선정하는 것이 매우 중요하지만, 실제로 부동산을 다니며 매장을 구하다 보면 이 권리금이라는 것이 발목을 잡는 걸 깨닫게 되지. 법적 기준이 있는 것도 아니고, 대부분 그 일대에서 통용되는 금액으로 거래되다 보니 권리금의 가치를 판단하기가 꽤 어려워. 동종 업종에 속한 매장들은 대개 얼마간의 권리금이 붙어 있어서 받는 측과 주는 측은 금액 차에 대한 줄다리기를 벌이기도 해.

권리금 협상할 때 주의할 점

문제는 권리금에 대해 법적 보상을 받기가 힘들다는 거야. 최악의 경우 J카페처럼 건물주가 매장을 비워달라고 하면 계약 기간 내에 새로운 임차인이 나타나 계약을 하지 않으면 권리금에 대해 어떠한 보상도 받을 수 없어. 이 역시도 임대차보호법에 명시된 모든 조건들이 들어맞아야 그나마 대책도 마련할 수 있는 거지. 쉽게 말하면 이런저런 보호 장치가 있는 듯 하지만 실제로 적용하기가 힘든 것이 현실이야. 이렇듯 치명적인 문제점을 안고 있지만, 이 땅에 살고 있는 이상 권리금을 지불해야 하는 상황이 많지. 권리금을 줘야 하는 경우, 권리금에 대한 일반적인 산정 기준을 통해 적정 금액을 추정한 후 협의를 통해 조정하는 것이 그나마 비용을 줄일 수 있는 유일한 방법이야.

적정한 권리금 산출 방법

권리금은 일반적으로 연간 순수익과 입지 조건, 매장 규모, 시설비 등을 감안하여 평가해. 연간 순이익은 지속적으로 영업할 시 창출되는 수익을 포기해야 하는 기회비용에 대한 보상이고, 입지 조건과 매장 규모는 매출에 큰 영향을 주는 요인이야. 시설비는 초기에 투자한 각종 장비와 시설비용을 감가상각한 것인데 인테리어의 경우는 2년, 장비의 경우는 5년을 기준으로 해.

예를 들어 매장 규모 30평에 월평균 순수익 400만 원, 초기 시설비 3천만 원, 운영 기간이 2년이라면 일 년간 벌어들일 순수익 4,800만 원, 시설비의 감가상각상존가액 300만 원을 합해 5,100만 원 정도 돼. 여기에 입지 조건에 따라 형성되는 권리금에 대한 시세를 고려한 금액이 최종 권리금이라 할 수 있어.

실제로는 이런 산정 기준보다는 공인중개사의 요구나 주변 시세를 많이 따르는 편이야. 그래도 이런 산정 기준이라도 있어야 권리금 협상 시 상대방의 의도대로 끌려가지 않을 수 있다는 점을 기억해둬.

또 권리금을 협상할 때는 이전 매장에서 주장하는 매출이나 순수익을 곧이곧대로 받아들여선 안 돼. 이전 주인은 권리금을 많이 받으려 하기 때문에 매출이나 순이익을 부풀리는 경향이 있어.

이때는 몇 가지를 확인해보는 게 좋아. 단순하고도 무식한 방법이지만 일주일간 매장 앞에서 손님이 얼마나 오는지 직접 세어보는 거야. 그리고 매장에서 사용하는 포스 단말기를 확인해보는 거야. 요즘에는 포스 단말기도 매출을 조작할 수 있다지만 카드 매출만큼은 속일 수 없기 때문에 그것을 확인해보면 매출의 일부분을 알 수 있지. 물론 이전 주인이 허락하지 않을 가능성이 높아.

이때는 묻지도 말고 따지지도 말고 그 매장과 계약하지 않는 게 좋아. 숨기는 건 그럴 만한 이유가 있기 때문이지.

그리고 주변 가게 직원들에게 그 매장에 손님이 자주 드나드는지 확인하는 거야. 정확한 건 아니지만 주변 상인들은 그 상권에 대해 잘 알기 때문에 어느 정도는 해당 매장의 매출을 확인할 수 있어. 이렇게 직접 확인해본 후 이전 주인이 주장하는 권리금과 그대가 산정해본 권리금의 차이를 알아보면 그만큼 지불할 가치가 있는지는 스스로 판단할 수 있을 거야.

과도한 가격 할인은
너도 죽고 나도 죽는다

안암동의 K카페 사장의 이야기를 들어보자.

"근처에 새로 카페가 생겼는데 오픈 행사라고 50% 할인을 하는 거야. 두 달쯤 지나니까 나도 버틸 재간이 없어서 홧김에 50% 할인 행사로 맞불 작전을 폈지. 잠시 손님이 느는가 싶었는데 아차 싶더라고, 손님은 늘었는데 매출이 줄어든 거야. 그렇다고 손님이 두 배 이상 늘어난 것도 아니고 예전 매출에 비하면 턱도 없으니 결국 행사를 중단하고 말았지.

그런데 더 큰 문제는 단골들이 하나둘씩 발길을 끊는다는 거야. 어떤 사람은 평소보다 매장이 붐벼서 싫다고 하고, 어떤 사람은 지

금껏 비싼 가격에 음료를 사 마셨나 싶어서 다시 오고 싶은 마음이
사라졌다고 하고, 행사 때 우리 매장을 찾은 손님은 행사를 중단하
니간 안 오면 그만이었지 뭐.

행사 전으로 되돌리는 데 6개월 넘게 걸렸어. 다행이라고 해야
하나 새로 문을 연 카페는 얼마 못 버티고 문을 닫았어. 하마터면
같이 망할 뻔했어."

앞뒤 안 재고 할인 이벤트?

할인 이벤트는 카페에서 가장 손쉽게 할 수 있는 마케팅 중 하
나야. 쿠폰 소지 고객에게 10~20% 할인해주는 쿠폰 할인, 크리스
마스나 밸런타인데이 같은 기념일 할인 행사, 소셜커머스를 통한
50% 할인 쿠폰 판매, 프랜차이즈 카페에서 제공하는 제휴카드 할
인 행사 등 손님의 재방문을 유도하기 위한 할인 행사는 무척 다양
해. 손님 입장에서 커피 맛도 좋고 가격까지 저렴하다면 금상첨화
아니겠어? 심지어 할인 행사를 하지 않으면 손님이 다시는 찾지 않
을 것 같아 앞뒤 재보지도 않고 하는 경우도 있어.

하지만 할인 서비스를 제공하기 전에 사장들은 깊은 고민을 해
봐야 해. 카페 문을 연 지 얼마 되지 않아 고객들을 확보하기 위해

할인 행사를 하는 건 홍보의 일환이므로 큰 문제가 되지 않아. 개업 초기에 경쟁자들로부터 고객을 끌어오는 방법으로는 이만한 게 없기 때문이지. 문제는 경쟁 점포들이 덩달아 할인 행사를 하는 경우야. 서로 물고 물리는 제 살 깎기 싸움이 되고 말거든.

손님들 입장에서는 여기저기서 저렴하게 커피를 사 마실 수 있으니 얼씨구나 싶지. 하지만 손님들이 커피 값은 할인된 가격이 적정하다는 가이드라인을 머릿속에 새기고 나면 결과적으로는 매장만 손해를 입고 만다는 거야. 서로 치고 박고 깨지는 싸움 속에서는 더는 이익을 낼 수 없음을 깨닫고 원래대로 음료의 값을 받으려 하면 손님들은 비싸다고 여기게 되거든. 이런 까닭에 음료의 값을 내리기는 쉬워도 올리기는 어려워.

사실 커피 원가는 낮은 편이지. 수년 전부터 커피 원가에 대한 기사가 자주 보도되면서 손님들은 커피 값이 비싸다고 인식하고 있어. 그런데 여기저기서 가격 할인 행사를 벌이면 손님은 '손해 보는 장사는 없다더니 이렇게 저렴하게 팔아도 남는 모양이군.' 하고 생각하게 된다고. 그렇게 생각하지 않겠어? 누가 제 가격에 커피를 사 마시려 하겠냐고.

더군다나 요즘엔 저가커피 매장들이 우후죽순처럼 늘어나서 가격이 1,500원만 넘어도 비싸다고 생각하는 경향이 있으니 가격 할인 이후에 다시 정상 가격으로 되돌리기는 힘들다는 거지.

꾸준한 성장을 위한 시장 가격

하지만 매장에서는 부지런히 커피 팔아서 비싼 임대료 내야지, 직원들 월급 줘야지. 전기세와 수도세 그리고 관리비 등을 내야 한다고. 보통 아메리카노 한 잔에 3천 원 정도인데 반값 할인하면 1,500원이야. 아메리카노 1천 잔을 팔아야 150만 원을 버는 거야. 온종일 쉬지 않고 머신을 돌려도 물리적·시간적 한계 때문에 1천 잔 이상을 뽑을 수가 없어. 사정이 이러하니 아무리 성공적으로 할인 행사를 한다 해도 간신히 본전 건지는 정도야.

저가 커피 프랜차이즈들이 오래 가지 못하는 이유도 바로 이런 비용 대비 수익이 넉넉지 않기 때문이야.

카페가 꾸준히 성장하는 모습을 보고 싶어? 그렇다면 시장 가격은 무너뜨리지 말고 꾸준히 손님을 끌어 모아야 해. 손익은 생각지 않고 단순히 매출을 올리기 위해 할인 행사를 벌인다면 완벽한 판단 착오야. 할인 행사는 단기적인 이벤트로 고객의 흥미를 불러오는 수준에서 진행돼야 해. 눈앞의 매출만 노리고 가격 할인을 하면 그대의 카페는 손님의 머릿속에 저렴한 음료를 사 마실 수 있는 곳으로 확실하게 자리 잡는 꼴이 되고 말아. 카페 사장이라면 누구나 꿈꾸고 바라는 고품격의 카페는 물 건너가는 거라고.

내가 목표로 하는 카페가
무엇인지를 명확히 하라

잘 알다시피 2000년대 이후 20년이 지나도 카페 창업 열기가 여전하다고 매스컴에서 연일 난리야. 그대가 직장인이라면 한 번쯤 지긋지긋한 회사 그만두고 폼 나는 카페 사장이 되면 얼마나 좋을까 생각해본 적 있을 거야. 실제로 최근 베이비부머 세대의 은퇴로 지난 몇 년간 한집 건너 하나가 카페일 정도로 카페 창업이 대단했지. 미국에서 만난 바리스타 친구 하나는 한국에 왔다가 카페가 어찌나 많은지 깜짝 놀랐다고 하더라고.

다만 안타까운 건 카페 운영에 대한 기본 지식도 경험도 없는 사람들이 아무런 대책 없이 카페를 시작한다는 거야.

이들 중 많은 수가 프랜차이즈 카페에 의존하다 보니 단기간에 1천 호점을 돌파한 카페베네의 성공 스토리가 채 얼마 가지 않아 무너졌다는 뉴스가 장안의 큰 화젯거리가 됐을 정도야.

자, 그렇다면 이렇게 우후죽순 생겨난 카페들의 생존 기간은 얼마나 될까?

카페들의 평균 생존 기간은?

그럴싸한 카페만 기대하고 시작한 사람들이 의외로 많아. 더불어 수십, 수백억을 건물주와 인테리어 회사, 커피 관련 장비 업체에 갖다 바치고 끝나는 경우도 허다해. 오랜 시간 철저히 준비해도 성공 여부는 또 다른 문제야. 10평도 채 되지 않는 공간에서 월 수천만 원의 매출을 올리는 곳도 있고, 상권이 좋은 대형 매장에서 월 몇천만 원의 매출을 내기는 해도 실제로는 간신히 현상 유지만 하는 곳이 있는 것이 카페 사업의 명암이니까 말이야.

카페 사업은 자영업의 한 분야야. 한마디로 장사지, 장사. 커피라는 제품, 좋은 서비스, 감성 넘치는 분위기를 손님에게 잘 팔아야 하는 거라고. 그대의 카페가 생계를 위한 것이라면 그대는 철저한 비즈니스 마인드를 갖춘 장사꾼이 돼야 해. 훌륭한 맛의 커피로 손님들을 감동시키는 장인과도 같은 커피 기술과 지식을 갖춰야 함은 물론이고, 제품을 잘 포장해서 손님들에게 매력적으로 보이도록 하는 비즈니스 기술도 갖춰야 하지. 비용과 매출 등 재무관리에도 능해야 해. 다시 말해 카페에서 생산한 제품(커피 및 기타 음료, 사이드 메뉴, 분위기, 차별화된 서비스 등)을 카페가 위치한 상권의 그 어느 곳보다 더 뛰어나게 만들고, 이 제품을 손님들에게 잘 팔 수 있는 전략을 세워야 하며, 운영상 발행하는 비용과 매출에 대한 관리를 지속적으로 꼼꼼하게 해나가야 해.

결국 카페 사업에서 성공하려면 하나부터 열까지 비즈니스 마인드로 도전해야 해. 어설프게 남들 하는 것만 보고 따라 해서는 입에 풀칠하기도 어려워.

"그대여, 준비되지 않았으면 제발 카페하지 마세요!"

대박을 만드는
목표를 세워라

카페 사업에서 어디까지 해야 성공했다고 할 수 있을까? 내가 생각하는 성공은 큰돈을 버는 것이 아니라 평생 좋아하는 일을 즐겁게 하는 거야. 아마 그대는 무슨 개풀 뜯어먹는 소리하냐고 하겠지? 이미 카페 사업을 하고 있거나 카페 창업을 하려는 사람들은 얼마나 벌어야 성공했다고 할 수 있는지를 내게 묻곤 해. 아 정말 뭐라 대답하기 어려워. 각자 목표가 다른데 어찌 금액만으로 성공 여부를 가늠할 수 있겠어.

최근 카페를 창업하는 이들을 분석해보면 몇 가지 부류가 있어. 가장 걱정스러운 사람들이 은퇴 또는 명예퇴직으로 직장을 떠나 생계형으로 카페를 창업하는 경우야. 직장 생활을 오래 하다 보니 자영업에 대한 경험이나 노하우가 전혀 없지. 그래서 요리와 관련된 주방 경험이나 경력이 필요한 음식점보다는 조리가 간단한 카페를 선택하는 거야.

주변에서 쉽게 접할 수 있는 휘황찬란한 대형 프랜차이즈 카페를 보고는 큰 어려움 없이 단기간에 큰 수익을 얻을 수 있을 거라고 기대하지. 하지만 몇 달만 지나면 녹록지 않은 현실에 좌절하곤 해.

카페 장사에 성공하기 위한 목표 세우기

그래서 목표를 명확하게 세워야 해. 단기간의 수익, 프랜차이즈, 평생직장 등 어떤 것이라도 좋으니 그대가 꿈꾸는 성공을 위한 목표를 구체적으로 확고하게 세우라고. 여전히 막연하게만 느껴진다고? 그러면 다음과 같은 질문을 스스로에게 던져봐.

- 그 목표는 실현 가능한 것일까?
- 목표로 삼을 정도로 그것은 가치가 있는 걸까?
- 그 목표를 이루기 위해서는 어떻게 해야 할까?

이 질문들에 대한 실제적이면서도 세세한 답을 할 수 있어야 해. 그렇지 않다면 뜬구름 잡는 식으로 거창한 결과만 바라보고 무작정 창업을 하려 한다고 볼 수 있어. 다시금 창업에 대해 고려해봐야 한다는 뜻이지. 세부적인 계획 없이는 목표를 세울 수도 달성할 방법을 찾아낼 수도 없어.

목표를 세웠다면 그에 대한 가치를 생각해봐야 해. 수익이 많고 적음을 떠나 카페를 운영하는 데 흥미가 떨어지면 점차 매장 운영에 소홀하게 되고 자연히 수익이 떨어지게 마련이야. 결과적으로 카페를 계속해서 운영할 수 없게 되지. 일에 재미를 느끼지 못하면 무슨 일이든 제대로 될 리가 없잖아.

목표와 가치를 잘 세웠다고 해도 사업 아이템을 획기적으로 실행할 구체적인 방안과 계획을 세우지 않으면 소용없어. 그대가 세운 목표가 실현 가능한지, 목표를 향한 세부적인 전략을 세우려면 어떻게 해야 하는지 보려면 사업계획서를 작성하는 게 좋아.

막연한 목표와 기대감만으로 창업을 한다는 것은 폭탄을 들고 전쟁터에 뛰어드는 것과 같아. 퇴직금과 대출금을 모조리 허공으로 날려 보내고 나서 후회해봤자 이미 때는 늦어. 대박을 노리다가 쪽박을 차는 꼴이라고.

성공에 지름길은 없어. 차근차근 단계를 밟아나가는 것, 명확한 목표를 향해 꾸준히 나아가는 것만이 성공을 위한 유일한 길이야.

정보에 뒤처지지 않으려면
이것만은 꼭 해라

1982년 엘빈 토플러가 『제3의 물결』에서 정보화 사회, 정보화 혁명이라는 말로 물질의 가치보다 정보의 가치가 더 중시되는 시대를 예견했어.

40년이 지난 지금은 인터넷을 통해 우리가 상상할 수도 없을 만큼 엄청난 양의 정보를 생산하고 전달하고 저장하고 있어. 여기에 정확하고 쓸모 있는 정보를 찾아내는 정보 취득 능력이 중시되고 있지. 심지어 정보를 접하지 않으면 왠지 불안한 세상 속에서 그대와 내가 살고 있다고.

사실 정보 취득 능력은 카페 창업 시장에서도 중요해. 하루가 다르게 변모하는 커피업계의 동향을 파악하고 이에 맞춰 창업의 방향을 잡아야 하기 때문이지. 커피를 즐기는 소비자가 늘어나면서 일반인들의 커피 지식이 높아지고 있고, 고급 원두로 만드는 '스페셜티 커피'에 대한 수요가 늘고 소비자들의 구매 유형이 다양해지고 있는 시점에는 더더욱 정보 취득에 만전을 기해야 해. 그래야 손님 하나 없는 텅 빈 매장을 하릴없이 바라보며 한숨짓는 일이 없지.

또 카페는 값비싼 장비와 기물이 필요하고 고가의 인테리어 비용이 소요되는 업종이기 때문에 어떤 정보를 접하느냐에 따라 비용 지출의 결과가 달라져. 특히 카페 운영 경험이 없는 초보 창업자의 경우, 시장 전반에 대한 정보가 부족하다 보니 장비 구매, 인테리어 등에서 불량 '업자'들이 창업자를 현혹해 과다 비용을 청구하는 일이 비일비재하지. 그러므로 카페를 창업하기 전에 반드시 관련 정보를 효과적으로 취득해 엉뚱하게 손해 보는 일이 없도록 해야 해.

이것만큼은 해야 카페 사장이지

다음은 카페 창업 전 관련 정보를 얻을 수 있는 방법이야. 전혀 복잡하지도 힘들지도 않아. 다만 약간의 시간과 의욕만 있으면 돼.

1. 커피 및 카페 관련 세미나에 참여하기

카페 창업 열풍에 많은 교육 기관과 커피 관련 업체들이 세미나를 제공하고 있어. 이런 세미나는 유료도 있고 무료도 있는데, 카페 창업이라는 중차대한 일을 두고 몇만 원 아끼자고 무료만 챙겨서 듣지 말고, 본인에게 필요한 정보라면 꼭 챙겨서 들어봐. 전문가의 의견은 성공이라는 길로 접어들게 하는 좋은 이정표가 될 수 있어.

단, 상업 목적의 세미나에 현혹되지 않도록 정신 바짝 차리라구!

2. 온라인 활용하기

정보화 시대에서 가장 유용한 정보 습득 창구는 잘 알다시피 온라인이야. 각종 포털 검색창에 몇 글자만 입력해도 원하는 정보와 지식을 쉽게 얻을 수 있고 최근 유튜브의 활성화로 인해 웬만한 정보는 유튜브 내에서 검색해서 얻을 수 있지. 심지어 영상으로 보여 주니 얼마나 편한 세상이야. 굳이 현장을 방문해야 하는 것도 아니고, 도서관에 비치된 수많은 책자 속에서 그대가 원하는 정보만 골라 찾아내야 하는 수고를 들일 필요도 없어. 게다가 각 포털 사이트에 개설된 수많은 카페 창업 관련 커뮤니티를 통해 가장 '핫'한 정보도 쉽게 얻을 수 있어. 어디 이뿐인가? 궁금증은 질문 게시판을 통해 친절하면서도 상세한 대답을 들을 수도 있어.

아직도 온라인에 익숙하지 않아 난감하다고? 그동안 인터넷을 들여다보지 않았다면 지금이라도 친숙해지도록 노력해야지. 인터넷에 서툴다고 등한시하는 순간, 정보 취득의 출발선상에서 한참 뒤처지는 거야.

카페 창업을 꿈꾸는 이들과의 경쟁에서 꼴찌하고 싶지 않다면, 또는 이미 카페 사업을 시작한 많은 이들에게 밀리고 밀려 문을 열자마자 손해만 보다가 비참한 심정으로 카페 문을 닫고 싶은 게 아니라면 지금 당장 컴퓨터를 키든가 스마트폰을 활용해.

3. 커피 관련 전문서적 통독하기

카페를 창업하기 전 커피 공부는 필수야. 앞서 말한 대로 커피를 잘 몰라도 카페를 잘 운영할 수 있어. 하지만 기초 공사가 튼튼하게 되었다면 시행착오를 줄일 수 있지. 카페 주인인 그대가 커피에 대해 잘 모르면 손님들은 그대의 카페가 만드는 커피의 맛을 신뢰하지 않아. 커피에 대해 전문적인 수준은 아니더라도 커피 관련 서적을 통해 커피에 대한 기초 지식은 쌓아야 그나마 손님들이 믿고 그대의 카페를 찾지 않겠어? 더 나아가 카페가 꾸준히 발전해서 해당 상권의 명물이 되고 언제나 손님들의 발길이 끊이지 않는 곳이 되려면 전문가적인 수준으로 커피를 공부해야 할 거야. 이러한 밑바탕이 경쟁이 치열한 카페 시장에서 살아남을 수 있게 하는 원동력이 될 거라고.

4. 커피 및 카페 관련 전시회 방문하기

한 해에 열리는 커피 관련 전시회만 해도 10개가 넘는다는 것 알고 있어? 보통 4~5월에 열리는 '커피엑스포'나 10~11월에 열리는 대한민국 '카페쇼'는 매년 참가업체 수가 늘고 있고 관람객 수도 엄청나지. 이런 전시회에서는 커피 관련 업체뿐만 아니라 베이커리나 종이컵, 장비 등과 같은 제조업체들도 참가하기 때문에 카페에 필요한 갖가지 정보를 한자리에서 쉽게 얻을 수 있어. 행사 기간 중에는 값비싼 장비들을 저렴하게 구입할 수 있으므로 빠짐없이 참관해서 많은 정보를 얻는 게 좋아.

5. 언론매체 활용하기

신문, 방송 또는 커피 관련 잡지가 다루는 정보도 수집해야 해. 전형적인 정보 수집 방법이기는 하지만 쉬우면서도 매우 효과적이기 때문에 절대로 소홀히 해서는 안 돼. 특히 신문이나 방송에서 보도하는 정보는 커피업계의 거시적인 동향을 알 수 있기 때문에 시장 흐름을 파악하는 데 매우 좋아. 신문이나 방송에서는 해당 내용을 기사화하기 전 몇 단계에 걸쳐 검증과정을 거치기 때문에 다른 매체에 비해 객관적이거든. 이 중에서도 광고 기사들은 분별해서 걸러낼 줄 아는 혜안이 필요해.

6. 지인에게 도움 청하기

주변에 카페를 창업한 지인이 있다면 그들의 경험을 들어보는 것이 큰 도움이 돼. 경험만큼 소중한 자산이 없고, 와닿는 것도 없지. 특히 성공한 카페의 경우 그곳만의 노하우가 있을 거야. 물론 실패한 경험들도 있겠지. 이는 정확하고도 생생한 정보이므로 안면만 있는 사이라 해도 지인을 찾아가 도움을 구하는 게 좋아.

조금 창피하면 어때, 카페 창업에 밑거름이 된다면 백번이고 찾아가 조언을 구하고 볼 일이야.

7. 전문 컨설턴트 활용하기

전문 지식도 부족하고 주변에 도움을 청할 만한 지인도 없다면 카페 창업 전문 컨설턴트를 찾아봐. 당장은 비용 때문에 주저하겠지만 그들이 가진 노하우를 고려한다면 전혀 아깝지 않아. 실패 확률을 줄여 성공에 가까이 다가가기 위해 지불하는 비용은 실패로 지불해야 할 비용에 비하면 얼마 되지 않지. 장비 구매와 인테리어 등에서도 컨설팅 비용 이상으로 절약할 수 있고 말이야.

다만 수수료를 과하게 요구하는 소위 '사짜' 같은 컨설턴트를 만나지 않도록 조심해. 알짜배기 정보 하나 없이 어설프게 창업하지 말고, 제대로 된 전문가와 함께 의논하고 결정하도록 해. 그편이 훨씬 효과적이고 마음도 놓일 거야.

콘셉트의
재구성이란 없다

성북동의 L카페 사장은 팔랑귀야. 잘나간다는 카페가 있다는 소문만 들려오면 그곳에 다녀와서는 매장 분위기를 바꿔볼까 하고 자신의 카페를 들었다 놨다 하거든. 그렇게 몇 차례 인테리어를 바꾸다 보니 그 카페만의 특징이 사라졌어.

처음에는 프랜차이즈 카페처럼 모던하면서도 고급스러운 분위기였는데, 어느날 핸드 드립 전문 매장을 다녀오더니 원목으로 치장한 편안한 느낌이 마음에 든다면서 한쪽 벽면을 기존의 분위기와는 전혀 어울리지 않는 원목 형태의 바로 만들어놓았지. 상상만 해도 안 어울리지 않아?

이렇게 수차례 인테리어를 바꾸다 보니 지금은 당최 무엇을 파는 가게인지 알 수 없을 지경이 되고 말았어.

마켓 인과 프로덕트 아웃이 뭐야?

혹시 경영학에서 쓰이는 용어인 마켓 인과 프로덕트 아웃이라는 말 들어봤어? 마켓 인이란 고객이 필요로 하는 상품과 서비스가 무엇인지 사전에 조사해서 그에 맞게 제공하는 것을 말해. 반면에 프로덕트 아웃이란 생산자의 형편과 생각에 따라 상품과 서비스를 제공하는 거야. 즉, 상품과 서비스를 제공하는 데 고객의 니즈를 따를 것인지, 생산자의 의지를 따를 것인지에 따라 시장에 접근하는 것을 뜻하지.

이를 테면 역삼동에 카페를 오픈했다고 하자. 본인의 카페에서는 에스프레소 머신에서 뽑는 베리에이션 메뉴보다는 핸드 드립처럼 싱글 오리진 커피의 개성 넘치는 커피 맛과 느림의 미학을 추구하고 싶어 해. 그런데 해당 상권은 샐러리맨들이 많아서 커피의 맛이나 슬로우 커피에 대한 니즈보다는, 주문 후 빨리 마실 수 있고 일반적인 맛이면 만족하는 사람이 많아.

자, 여기서 수요에 맞춰 일반적인 에스프레소 테이크 아웃을 중심으로 하는 매장을 선택한다면 마켓 인 전략을 택한 것이고, 핸드 드립 매장을 열어 오로지 맛있는 커피로 승부를 건다고 하면 프로 덕트 아웃 전략을 택한 거야.

어떤 상권에 들든지 이 중 하나는 선택해야 하는 경우가 생겨. 이 둘을 적절히 혼용해 성공하는 경우도 있지만, 인테리어를 구상할 때 이 둘의 분위기를 동시에 창출하기란 쉽지 않아. 그래서 대체로 마켓 인 전략을 선택하는 경우가 많아.

상권 분석을 하는 이유는 손님들과 수요를 파악해서 그에 맞추기 위함이야. 말 그대로 수요에 맞추면 성공할 확률이 높다고 생각하기 때문이지. 문제는 이렇게 들어선 카페들이 한둘이 아니라는 거야. 다시 말해 공급이 너무 많아.

그래서 그대의 매장이 잘나가는 카페와 다르다는 이유로 L카페처럼 어떻게든 따라 해보려 애쓰다 보면 이도저도 아닌 분위기를 만들어내게 된다는 거야. 이런 까닭에 매장 인테리어는 중간에 바꾸기가 참 어려워. 그러므로 초기에 잘 구상하고 추후에 교체하거나 수정할 부분은 기존의 분위기와 조화를 이루도록 적절히 바꿔나가야 해.

콘셉트, 첫 단추가 중요하다

카페의 분위기는 초기에 콘셉트를 잘 선택하는 게 중요해. 여기서 콘셉트란 인테리어만을 뜻하는 게 아니야. 정확하게 말해서 그 카페의 '아이덴티티'를 뜻해. 카페의 정체성, 카페가 가진 고유의 성격이나 본질을 말하지. 단순히 인테리어가 모던하고 세련되고 아름답다는 것을 보여주고자 함이 아니야. 커피의 맛도 좋지만 과일주스 등 가볍게 마실 수 있는 음료의 맛도 좋다 등 본인의 바라는 카페의 본질을 인테리어를 포함한 메뉴, 동선, 소품, 직원, 시스템 같은 다양한 요소로 조화롭게 표현하는 거야. 그런데 이런 조화를 무시하고 마음에 안든다고 하나둘 바꾸면 결국 카페의 콘셉트가 모호해지고 말지.

최근에는 '스페셜티 커피' 시장의 확장과 함께 커피의 맛이라는 요소를 중시하는 매장이 늘면서 핸드 드립을 도입하는 곳이 많아졌어. 핸드 드립하면 으레 편안하고 따뜻한 느낌을 주는 원목을 떠올리지만, 유행에 민감하지 않은 스타일을 도입하는 추세에 따라 대부분 모던하면서도 세련된 분위기를 주고 있어.

따라서 창업을 구상할 때 '마켓 인'이든, '프로덕트 아웃'이든, 최근의 추세를 따르든, 그대가 선택한 바에 따라 철저하게 준비해야 해. 아무것도 없는 상태에서는 애초에 세운 계획대로 하면 되지만,

기존의 콘셉트를 바꾸는 것은 고려해야 할 사항이 너무 많아서 꽤나 골치 아픈 일이 되고 말아. 예를 들어 인테리어를 바꾸면, 그에 맞춰 메뉴를 갖추고 시스템도 교체해야 해. 그래야 손님들이 카페를 편안하게 느끼고 자주 찾게 되지.

결정적으로 콘셉트를 변경하면 그에 따른 비용을 지불해야 해. 창업 때와 달리 추가로 비용을 들여 만든 콘셉트가 제대로 적용되지 않아 역효과를 낸다면 참으로 위험한 시도라 할 수 있지.

재차 말하지만, 카페를 시작할 때 처음부터 제대로 하자고. 대충 남들 하는 대로 하다가 나중에 조금씩 고치고 채우겠다는 생각은 금물이야. 기존의 콘셉트에서 좋은 방향으로 조금씩 개선할 수는 있어도, 유지하던 콘셉트를 통째로 바꾸거나 전혀 어울리지 않는 쪽으로 고치는 것은 그대가 꿈꿔오던 카페에서 점점 멀어진다는 사실을 잊지 말라고.

CHAPTER
2

매출을 올리는 카페는
따로 있다

무조건 성공하는 카페 운영 전략

개인 카페도 프랜차이즈를
거뜬히 이길 수 있다

카페의 문을 연 지 얼마나 됐다고 인근에 프랜차이즈 카페가 떡하니 들어서는 것을 보면 한숨부터 나올 거야. 어디 자신감이 없어서일까. 프랜차이즈의 무시무시한 위력에 절로 기가 꺾이는 거지. 어지간한 경쟁력을 갖추지 않고는 힘 한번 써보지 못하고 나가 떨어지는 게 요즘의 현실이니까 말이야. 번드르르한 인테리어와 전폭적인 마케팅 등 프랜차이즈의 기세에 누군들 기를 펴겠어.

프랜차이즈를 이긴 A카페의 경쟁력

얼마 전 강남에서 테이크 아웃을 주로 하는 A카페가 잘나간다는 소문을 들었어. 서울의 중심이라 할 수 있는 강남역 근처에서 수많은 대형 프랜차이즈 카페와 경쟁을 하고 있는 카페라는 소식에 소문을 확인도 해볼 겸 얼마나 장사가 잘되는지 궁금해서 슬쩍 들러봤지. 그때 시간이 11시쯤이었나, 손님은 그리 많지 않았어. 소문이 조금 부풀려진 것 같았지. '그럼 그렇지, 소문뿐이었군.' 하고 반신반의하고 있는데 순식간에 매장이 사람들로 인산인해를 이루었어. 마침 점심시간이 된 거야. 이건 사람들이 몰려드는 정도가 아니라, 한 빌딩에 근무하는 모든 사람들을 모아놓은 것 같았어. 카페를 운영하는 사람으로서 얼마나 질투가 나던지. 부럽다 못해 소름이 끼칠 정도였어. 심지어 바로 옆에는 대형 프랜차이즈 카페가 있었는데, 얼마 못 가 문을 닫고 말았지.

도대체 어떻게 했기에 이웃한 대형 프랜차이즈를 이길 수 있었던 것일까? A카페만의 경쟁력은 무엇일까?

그 해답은 아주 간단해. A카페는 프랜차이즈는 가질 수 없는 장점을 집중적으로 내세웠어. 그래, 누구나 다 아는 사실에 한숨이 나오겠지. 하지만 여기서 중요한 것은 누구나 다 알지만 제대로 해내지 못하고 있다는 점이야. 그래서 이렇게 책을 붙들고 있는 거잖아.

알고만 있으면 뭐 해. 제대로 할 줄 알아야지.

자, 질문을 해볼게. 그대의 카페가 가진 장점은 뭐야? 손님들이 그 장점에 대해 잘 알고 있다고 생각해? 그 장점이 손님들의 발길을 이끌기는 하는 거야? 이 질문에 한 치의 망설임도 없이 대답하고 있다면 그대의 카페는 잘되고 있을 거야. 물론 이 책을 읽을 이유도 없지.

하지만 아무리 생각해도 당신의 카페에 어떤 장점이 있는지, 어떻게 해야 손님들의 마음을 얻을지 잘 모르겠다면?

그래, 그 답답한 마음 잘 알아. 취미로 하는 일도 아니고, 생계가 달린 일인데 얼마나 조바심이 나겠어. 이제 슬슬 그 비법을 그대에게 털어놓을 테니, 희망을 가져보자고. 그대도 잘할 수 있어.

가게 주변의 소비성향을 파악하라

그렇다면 프랜차이즈를 이긴 A카페의 장점은 무엇일까? 그것은 바로 '맛, 가격, 스피드!'야. 오피스 상권에 자리하다 보니 주요 손님인 샐러리맨들의 성향을 파악한 거야. 스트레스가 많은 직장인들은 하루에도 몇 잔이고 커피를 마시지. 이런 성향에 맞춰 A카페는 첫째로 '부담 없는 가격'을 내세웠고, 둘째로 맛집이라고 하면 좁은 골목을 누비는 한이 있더라도 기어코 찾아가 그 맛을 확인하는 직장인들을 위해 '가격 대비 최고의 맛'을 홍보했어. 셋째는 시간에 쫓기는 직장인들을 위해 '모든 메뉴는 3분 안에' 해결하는 서비스를 제공했어.

그중에서도 A카페 사장이 가장 중요하게 여기는 것은 시간이라고 해. 직장인들은 주문해서 음료가 나올 때까지 시간이 오래 걸리는 카페는 다시는 가고 싶어 하지 않는다고 믿고 있어. 최대한 빨리 만들어 음료를 제공해야 손님들이 또 찾는다는 거지. 직장인들이 많은 곳에 위치한 카페라면 이 점을 꼭 유념하길 바라.

난 A카페 직원들이 얼마나 빨리 움직이는지 자세히 살펴봤어. 바에서 일하는 직원들은 자신이 맡은 보직에 따라 마치 기계가 움직이듯이 일을 하고 있었어. 예를 들어 카페에서 제일 잘 팔리는 생과일주스를 만드는 것을 보면, 한 명은 과일을 깎아 테이크 아웃 컵에 담는 일만 하고, 다른 한 명은 블렌더를 돌리는 일만, 또 다른 한 명은 블렌더를 설거지하는 일만 하더군. 실제로 초시계를 이용해 시간을 재어 보니 주문당 3분이 채 걸리지 않았지.

직원들의 움직임이 이렇다 보니 손님들이 줄을 길게 늘어서도 오래 기다릴 필요가 없었어. 주문해놓고 동료와 한두 마디 나누다 보면 어느새 주문한 음료가 나와 있는 걸.

프랜차이즈 카페보다 상대적으로 저렴한 가격, 직접 청과물 시장에서 구입해온 싱싱한 과일로 만든 최고의 맛, 게다가 손님이 원하는 음료를 신속하게 만드는 5G급 속도. 이것이 A카페가 프랜차이즈를 이긴 최고의 장점이야.

또 다른 카페 이야기를 해볼게. B카페는 로스터리 카페로서 커피의 맛에 집중적으로 투자한 경우야. 프랜차이즈에서는 흔히 볼 수 없는 최상급 원두로 만든 스페셜티 커피를 취급하고, 핸드 드립을 통해 20가지 이상의 원두를 제공하는 커피 중심의 카페야.

B카페 주변에도 규모가 큰 프랜차이즈가 있어서 처음에는 고전을 면치 못했어. 그런데 지금은 손님들이 빈 자리를 찾지 못해 어쩔 수 없이 프랜차이즈 카페로 발길을 돌리는 진귀한 풍경이 벌어지곤 하지.

B카페가 가진 건 오로지 커피로 승부하겠다는 마음가짐뿐이었어. 중소 규모의 카페로 프랜차이즈와의 경쟁은 무리였기 때문이지. 그래서 B카페의 사장은 로스팅의 차별화된 맛으로 승부수를 두기로 했어. 결론부터 말하자면 성공이야! 그 덕분에 지금은 많은 손님들이 규격화된 맛에 적당히 만족해야 하는 프랜차이즈보다는 독특한 풍미로 입맛을 사로잡는 다양한 커피를 제공하는 B카페를 더욱 선호하게 됐다는 말씀.

신사동의 C카페는 이와는 반대의 경우야. C카페는 규모나 시설면에서 프랜차이즈 못지않은 모던한 스타일이야. 유심히 보지 않고 지나친다면 많은 사람들이 당연히 프랜차이즈로 여길 정도로 인테리어와 시설이 훌륭하지. 그런데도 C카페는 매달 운영비조차 감당하기 힘들어. 유명 프랜차이즈 카페처럼 감탄이 절로 나올 정도로 인테리어와 시설을 멋지게 갖췄다면 매출의 기본은 할 텐데, 이건 무슨 소리일까 궁금하지?

프랜차이즈 vs. 개인 카페

이봐, 뭔가 크게 잘못 생각하고 있군! 프랜차이즈 카페는 체계적인 시스템과 원활한 물류, 자본이 뒷받침된 마케팅, 늘 새로운 메뉴 등으로 고객의 관심을 사고 있다고. 그래서 개인 카페들이 그들과 경쟁하려 하지 않는 거야. 그들을 이기기 위해서는 A카페처럼 그곳만의 장점을 극대화해야 해. 단순히 프랜차이즈를 따라 하기만 해서는 안 돼! 전력질주를 해도 따라잡을까 말까인데, 상대의 뒤통수만 보면서 어떻게 따라잡을 생각을 해? 욕심이 너무 크다고 생각하지 않아?

입장 바꿔놓고 그대가 손님이라고 생각해봐. 같은 값이면 할인혜택이 있고 메뉴도 다양하고 시설이 편리한 곳에 가지, 누가 그렇고 그런 개인 카페의 문을 열려고 하겠어. 그곳에 가면 기분이 좋아진다든가, 다른 곳에서는 맛보기 힘든 훌륭한 커피를 마실 수 있다든 가, 궁색한 주머니 사정에도 부담이 없다든가 하는 만족감을 얻지 못하는데, 누가 별 볼 일 없는 그대의 카페 문을 열겠냐고.

이제 무엇을 걱정해야 하는지 알겠어? 그대의 카페가 손님들에 게 어떤 만족감을 주는지, 큰길 건너에 있는 프랜차이즈에서는 절 대 찾을 수 없는 그 무엇인가가 그대의 카페에는 있는지, 만일 그대 가 손님이라면 무엇을 찾기 위해 그대의 카페를 찾을지를 곰곰이 생각해봐야 해.

지금은 막다른 골목에 서 있는 기분이겠지만, 분명 답은 있어. 그 렇지 않다면 수많은 프랜차이즈 카페 틈새에서 나 홀로 성공가도를 달리는 A카페 같은 곳은 절대 있을 수 없을 테니까 말이야.

마진율을 제대로 이해하면
하나 팔아 열을 남긴다

카페를 운영하는 기준을 보면 사장들의 성향이 보여. 오로지 커피의 맛에만 중점을 두는가 하면, 구색 맞추는 데만 여념이 없기도 하고, 시즌마다 사이드 메뉴를 개발하는 데 주력을 하기도 해. 저마다 기준이 다르기 때문에 무엇이 옳고 그르다고 단정할 수는 없지만, 그들에게는 한 가지 공통점이 있어. 그것은 누구나 '수익'에 대해 고민하고 신경을 쓴다는 거야.

카페 유니온에서 사이드 메뉴에 대한 세미나를 한 적이 있어. 저마다 레시피와 공급처, 제조원가 등을 공유하고 함께 메뉴를 시연하는 자리였지. 그날 서로 정보를 나누다 보니 카페 사장들은 조금이라도 자신에게 보탬이 되는 정보를 얻기 위해 정신이 없었어. 그러던 중 누군가에게 물었지.

"그것은 마진율이 얼마나 돼요?"

모두들 귀를 쫑긋 세웠어. 마치 먹잇감을 발견한 사자처럼 반짝이는 눈으로 나를 쳐다보았지.

그래, 장사를 하는 사람이라면 당연히 관심을 보일 수밖에. 돈을 벌고자 하면서 매출에 도움이 되는지 안 되는지 어찌 신경 쓰지 않을 수 있겠어.

음료 마진율 계산하기

카페 음료의 마진율 계산은 그리 어렵지 않아.

1-(제조원가/판매금액)=마진율

자, 1킬로그램의 원두를 3만 원에 구입하는 매장의 아메리카노 마진율을 예로 들어 보자고. 물이나 기타 비용을 계산하면 머리만 아프니깐 단순히 에스프레소 한 샷을 추출하는 심플한 원가만 계산

해볼게. 한 샷에 원두 10그램을 사용하여 소비자에게 3천 원에 판매하는 매장에 위의 공식을 적용해보면 $1-\{(30,000원/1,000g \times 10g)/3,000원\}=90\%$라는 마진율이 나와.

음료에 대한 마진율은 일반적으로 70% 이상이야. 그래서 다들 물장사를 해야 이윤이 남는다고 하는 거야.

흔히 제조원가를 낮추고 가격을 올려야 수익을 낼 수 있다고 알고 있을 거야. 하지만 현실적으로 가격을 올리는 것은 쉽지 않지. 그래서 저마다 어떻게 하면 비용을 줄일까를 고민하게 돼.

이렇듯 누구나 고민하는 마진율에 대한 질문이 나오자 주위는 웅성거림으로 가득했지. 다들 제조원가와 판매가격을 계산했고, 어떤 이는 판매가격을 올려야 한다고 하고, 누구는 그렇게 하면 자기네 상권에서는 어림도 없는 일이라고 하고, 마진율은 둘째 치고 사이드 메뉴를 도입했다가 자칫 유통기한 때문에 사용하지 못하고 버리는 분량 때문에 손실이 생길 것 같아 엄두를 못 내겠다는 이들도 있었어. 또 누군가가 마진율이 50%뿐인 메뉴도 있다고 지적하자 돈이 안 된다며 실망하는 이들도 있었어. 어떤 사람은 아무리 전체 매출액이 높아진다 해도 마진율이 70% 이하인 메뉴는 절대 도입하지 않겠다고 호언장담했어.

여기에는 또 다른 함정이 있어. 사실 그날 모인 사장들은 숫자의 오류에 빠지고 만 거야. 각 메뉴의 마진율만 계산한 거지.

마진율이 높은 메뉴는 얼마든지 있다

표면적으로 마진율이 70% 이상인 메뉴와 50% 이하인 메뉴는 그 차이가 매우 커 보여. 그러나 그들의 계산에 마진액은 전혀 고려되지 않았어.

간단히 말해 마진액은 판매액에서 제조원가를 뺀 금액이야. 8천원짜리 와플의 제조원가가 4천 원이라 할 경우, 마진액은 4천 원이지. 이 와플의 마진율은 50%에 불과하지만, 한 개 팔아서 4천 원의 이익을 얻는다는 거야. 한편 아메리카노 한 잔에 3천 원인 경우 제조원가가 300원이라고 하면, 마진율은 무려 90%나 되지. 그러나 마진액은 2,700원이야. 결정적으로 마진율이 90%나 되는 아메리카노를 한 잔 파는 것보다 와플을 파는 게 더 이득이라는 거야.

이제 감이 잡혀? 똑같이 하나를 팔더라도 1,300원을 더 벌 수 있는 메뉴를 파는 게 이득이잖아. 그대도 제조원가는 많이 들더라도 전반적으로 매출액 비중이 높은 것을 선택하고 싶지 않겠어? 안 그래?

단순히 마진율이 높은 것은 매출에는 그리 도움이 되지 않아. 음료 한 잔을 만들 때도 그에 대한 제조원가를 정확하게 계산해서 실제로 수익을 높일 수 있는 방법을 찾아야 해. 그러므로 그대의 카페가 내놓는 모든 메뉴의 마진율과 마진액을 검토해볼 필요가 있어. 그런 다음 각 메뉴의 새로운 조합을 통해 손님들에게 합리적으로 보이는, 그러면서도 그대의 카페 입장에서 마진액이 높은 메뉴를 더 자주 선보일 방법을 찾아야 해.

당장 메뉴를 펼쳐놓고 그대가 잘못 판단하고 있는 마진율과 마진액의 차이를 확실히 알아보라고.

창의적인 아이디어보다
벤치마킹의 촉을 세워라

어쩌다 보니 카페를 시작하면서 나의 카페 운영 방식을 경쟁 상대들에게 노출하는 일이 잦아졌어. 특히 40~50대 사장들에게 말이지. 그들은 내게 이런 질문을 하곤 해.

"아이디어가 참 많은 것 같아요. 그 아이디어라는 거 어떻게 생각해내는지 좀 알려줄 수 없을까요?"

심지어 월급 안 받고 일할 테니 가르쳐달라며 매장까지 찾아오는 이들도 있다니까. 참, 난감하기 짝이 없어.

아이디어를 생각해내는 방법을 가르친다는 게 말이 쉽지, 만일 가르쳐줄 수 있다 한들 배우는 이가 스스로 깨닫지 못하면 소용없는 일이잖아.

나는 으레 이렇게 대답하지.

"일단 남들이 잘한다고 생각하는 걸 비슷하게 따라 해보세요."

아이디어란, 창의적이어야 한다고 생각하는 이들이 참으로 많아. 남들이 떠올리지 못하는 독특한 생각이 좋은 아이디어라고 여기는 거야. 실제 상황에서는 좋은 아이디어란 그리 많지 않아. 바꿔 말하면, 굳이 독창적일 필요가 없다는 거야.

오히려 그보다는 벤치마킹이 더 나은 방법이야. 쉽게 말해 '베끼기'라고 할 수 있지. 솔직히 말해서 나는 아이디어가 창의적인 사람이 아니야. 다만 다른 사람들이나 다른 매장에서 하는 방법들을 내 방식대로 살짝 바꿔 적용하는 것뿐이지.

효과 100% 벤치마킹하는 법

샐러리맨들이 많이 드나드는 술집에서 손님들의 명함을 받았다가 매달 정해진 날짜에 그중 한두 장을 뽑아 소주나 맥주, 무료 안주 등을 서비스로 주는 행사를 본 적이 있을 거야. 나는 이런 명함 이벤트를 차용해서 한 달에 한 번 마카롱이나 사이드 메뉴를 무료로 제공하는 서비스카드를 만들었어. 손님 입장에서 무료 서비스를 마다할 이유가 없지.

나는 이 행사를 통해 손님들의 데이터를 확보했어. 고객 정보는 향후 매장에서 진행할 이벤트 소식을 이메일이나 문자 서비스를 통해 전하는 데 활용해. 이벤트 소식을 접한 손님들이 이벤트에 참여하기 위해 매장을 찾으면 이는 곧바로 수익으로 연결되는 한편, 지속적으로 고객을 확보하게 되는 거지. 직접 참여하지 않더라도 이벤트 관련 소식을 접한 손님들은 우리 매장을 소통의 공간으로 인식할 수도 있어.

사실 내가 제일 좋아하는 카페들은 아이러니하게도 프랜차이즈야. 프랜차이즈 카페는 아이디어를 수집하기에 좋은 보물창고야. 프랜차이즈 카페는 자체적으로 마케팅 팀을 두고 있거든. 그들은 24시간 좋은 마케팅 툴을 만들고 지속적인 홍보 방법을 강구하기 위해 열심히 아이디어를 짜내는 게 일이지. 물론 나는 그들의 방법을 살짝 빌려 오고 말이야. 이 얼마나 고마운 일이야! 실질적으로는 저작권이나 상표권이 문제가 될 수가 있지만, 마케팅 툴에 대한 저작권을 보호하는 경우가 많지 않을뿐더러 설마하니 통째로 빌려오겠어? 당연히 나만의 방법을 더해 내 매장에 효율적으로 적용해야지.

그러므로 아이디어로 골치 아플 일은 없어. 주변을 열심히 돌아보고 좋은 것은 기억해 뒀다가 내 것으로 만들면 되니까 말이야.

프랜차이즈는 아이디어 보물창고

자, 이젠 본격적으로 프랜차이즈 카페로부터 무엇을 빌려올 수 있는지를 살펴보자.

내가 제일 자주 빌리는 아이템은 POP 디자인이야. 카페를 운영하다 보면 메뉴판에 대해 고민해야 경우가 많지.

메뉴판은 단순히 텍스트로만 구성해서는 안 돼. 손님들은 시각적으로 탐스럽게 보이는 메뉴에 관심을 보이기 때문에 이미지를 보여주는 것이 좋아. 이때는 가볍게 권하기만 해도 손님들은 적극적으로 그 메뉴를 주문하지.

최근에는 메뉴 이미지를 시각적으로 더 보기 좋게 영상으로 만들어서 고객들에게 보여주는 모니터까지 선보이고 있지. 하지만 영상으로 메뉴를 만들기엔 그 비용이나 노력이 만만치 않기 때문에 그보다는 단순한 POP를 이용하지. 그래서 새로운 메뉴를 선보일 때면 반드시 POP에 과대 포장된 메뉴 사진을 넣고 손님들의 호기심을 이끌 만한 문구를 넣어.

그런데 POP를 만들 때면 디자인 때문에 골머리를 앓곤 하지. 매번 똑같은 형태로 할 수도 없고, 이렇게 해보고 저렇게 해봐도 전문 디자인의 한계를 넘을 수가 없어. 그럴 때는 인근의 프랜차이즈 카페를 찾아가. 신기하게도 그곳에는 항상 해결책이 대기하고 있거든.

참신한 디자인의 POP가 가득해. 이러니 내가 프랜차이즈 카페를 좋아할 수밖에.

아이디어를 어렵게 생각하지 않았으면 해. 남들과는 다른 것을 해보겠다고 책상머리에 앉아 고민해봐야 뾰족한 수를 찾기는 힘들어. 그럴 때는 대형 매장이나 소위 잘나가는 매장을 찾아가보는 거야. 그래도 신통치 않다면 업종이 다른 술집이나 식당, 뷰티숍에 가봐. 의외의 곳에서 기발한 아이디어를 얻을 수도 있거든.

사실 아이디어는 머리가 아닌 발품에서 나온다고 할 수 있어. 기발한 아이디어가 머릿속에 가득할 것만 같은 사람을 찾아가 독창적인 아이디어를 생각해내는 방법 좀 알려달라며 매달리지 말고 주변을 주도면밀하게 살펴봐.

이미 남이 써먹은 것을 따라 하는게 찜찜하다고? 세상에 완벽하게 창의적인 것은 없어. 남의 생각에 내 것을 더해서 따라 하다 보면, 언젠가는 자연스레 무언가를 떠올리고 새로운 것을 시도하고 있을 거야.

두더지처럼 땅만 파지 말고, 토끼처럼 폴짝폴짝 뛰어다니면서 아이디어 사냥을 하러 돌아다니라고.

정체성은 지키며
유행을 선도하라

카페를 운영한 지 일 년쯤 되면 카페마다 조금씩 편차가 생겨. 어느 곳은 지속적으로 손님이 느는가 하면, 다른 곳은 고만고만하게 정체돼. 손님이 계속 느는 곳은 대개 그 매장만의 개성이 확실하거나 지속적인 서비스 개선을 통해 손님들을 만족시키기 위해 노력한다는 것을 알 수 있어.

한편 나날이 늘어가는 손님의 수만 믿고 처음 문을 연 당시 그대로 매장의 환경이나 서비스, 메뉴 등을 유지하다 보면 매출이 정체되기도 해.

로스터리 카페의 경우, 하나둘 문을 열기 시작할 무렵에는 카페 주인이 직접 생두를 로스팅해서 커피의 풍미를 만끽할 수 있다는 점에서 손님들에게 신선한 매력으로 다가갔어. 하지만 오뉴월 맹꽁이도 울다가 그친다고, 한때 많은 인기를 누리던 로스터리 카페들이 이제는 대부분 매장 운영에 어려움을 겪고 있어.

이들 매장에는 눈에 띄는 문제점이 있어. 아직도 그렇고 그런 과거의 메뉴를 그대로 가지고 있다는 거야. 콜롬비아 수프리모, 인도네시아 만델링, 브라질 산토스, 코스타리카 따라주, 에티오피아 시다모, 에티오피아 예가체프, 케냐AA 등 보편적인 메뉴만 제공하고 있으니, 해가 갈수록 고급스러워지고 새로운 것에 호기심을 보이는 손님들의 발길이 끊어질 수밖에. 생두 수입 업체에서 들여오는 커피 생두의 종류가 얼마나 많은데. 고작 10가지의 생두만으로 손님의 관심을 끌려고 하다니. 그것도 어디가나 있는 메뉴로만 말이야. 매출이 늘기는커녕 현상 유지만으로도 감사해야 할 판이라고.

정체성을 지키며 유행을 선도하는 방법

손님들의 입장에서 한번 생각해봐. 어쩌다 우연히 새로 생긴 로스터리 카페에 들렀는데 그곳에는 그동안 맛보지 못한 또는 맛보고 싶은 갖가지 커피가 눈길을 사로잡는 거야. 그래서 생소하지만 왠지 마셔봐야 할 것만 같은 커피를 주문했는데, 이건 오렌지 향뿐만 아니라 꽃향기도 나고, 맛은 또 어찌나 좋은지 순간 행복감에 빠져들 정도로 대만족인 거지. 고작 커피 한 잔이지만 평소와 달리 환상적인 경험을 한 손님이 그렇고 그런 그대의 카페를 찾겠어?

고객의 마음은 이렇듯 쉽게 변하는 거야. 쳇바퀴 도는 평범한 일상과 다를 바 없는 지루하고 식상한 커피를 사 마시기 위해 누가 지갑을 열어 힘들게 번 돈을 지불하려 하겠어. 그깟 커피 한 잔 마시려고 상사 눈치 보며 일부러 사무실을 몰래 빠져나와 그대의 카페로 가겠냐고.

2020년 한 해 엄청난 돌풍을 몰고 온 메뉴가 있어. 바로 흑당 라떼야. 대만에서 도입되어 프랜차이즈 카페로의 확장을 목표로 한 카페에서 시작한 메뉴인데, SNS에서 선풍적인 인기를 끌고 난 후에는 프랜차이즈 카페뿐 아니라 비슷한 이름의 메뉴로 전국의 카페에서 우후죽순으로 판매되기 시작했지. 모 프랜차이즈 카페에서는 이 메뉴를 도입해서 텔레비전 드라마에 협찬도 할 정도였어.

그대에게 물어볼게. 그대의 매장에는 이 음료가 메뉴가 있어? 메뉴에 올리지 않았다면 그 이유는 뭐야? 그 음료 레시피를 몰라서? 괜히 메뉴만 많아져서 힘들어질까봐?

이 음료를 메뉴에 올리지 않았어도 매장이 잘 돌아가고 있다면 할 말은 없어. 하지만 매장을 운영하는 사람이라면 이 음료로 추가 매출을 낼 수 있는지 고려해봐야 하지 않아? 앞뒤 재보지도 않고 무조건 우리 매장엔 어울리지 않는 메뉴라고, 레시피를 모른다고, 메뉴의 수를 늘리면 힘들어질까봐 생각해보지도 않았다고? 그대 정말 카페 운영하는 사람 맞아? 카페를 취미로 하는 거야?

이번엔 반대로 물어보지. 로스터리 매장에서는 손님들이 커피만 주문해? 새로운 음료에 대한 레시피를 알기 위해 어떤 노력을 해봤어? 손님들이 잘 찾지 않는 메뉴를 대체할 만한 게 뭐가 있나 생각해본 적은 있어?

늘어난 수요를 캐치하라

유행을 따르라는 건 매장의 정체성을 버리라는 극단적인 요구가 아니야. 그대의 매장이 지닌 고유의 개성은 유지하되, 당시의 트렌드에 맞게 조금씩 변형을 해보라는 거야. 이보다 쉬운 일이 또 어디 있어.

그대가 굳이 유행을 선도할 필요 없이 현재 시장이 원하는 방향으로 따라가기만 하면 되는 건데 말이야. 이미 수요가 생겼고, 그대는 그에 맞춰 공급만 하면 되는 거잖아. 사람들이 너나 할 것 없이 흑당 라떼를 찾으면 그대도 트렌드에 맞춰 흑당 라떼를 만들면 되는 거라고.

레시피는 흑당 시럽을 공급하는 유통업체에 물어보면 돼. 자기네가 공급하는 부자재로 음료를 만드는데 그들이 모를 리 없지. 심지어 해당 음료의 베이스, 밀리미터당 맛과 향을 내는 음료 파우더가 몇 그램, 얼음을 몇 조각 넣어야 하는지까지도 알려준다니까.

그대, 지금 매번 바뀌는 트렌드를 어떻게 따라잡느냐고 걱정하고 있지? 참으로 답답하기 짝이 없군. 시중에 나오는 잡지며, 유튜브, 카페 동호회, 카페 관련 세미나에서 얼마든지 찾을 수 있어. 심지어 메뉴에 없는데도 손님들이 먼저 찾기도 해.

카페 시장에서 음료 트렌드를 쫓아가지 못한다는 건, 조만간 카페의 문을 닫을 각오를 하고 있다고 스스로 인정하는 꼴이야. 트렌드라고 해봤자 한꺼번에 새로운 음료가 수십 가지나 유행을 타겠어? 기껏해야 한두 종류가 인기를 얻을 뿐이야. 그것 하나 감당하지 못해서 이런저런 변명을 늘어놓다니.

차라리 근처에 있는 프랜차이즈 카페에 가서 트렌드 메뉴 주문해놓고 카운터 옆에 서서 음료 제조법이나 살펴보는 게 낫지. 그동안 카페를 운영해온 노하우를 십분 활용해봐. 그 카페에서 쓰는 파우더와 시럽과 소스가 어떤 종류인지, 그 양은 계량컵에 얼마나 담는지 또는 펌핑하는 횟수만 봐도 대충 알잖아.

굳이 트렌드를 따르지 않고도 그대의 매장이 자랑하는 독특한 매력을 십분 살릴 수 있다면 대환영이야. 그렇지 않다면 트렌드에 맞춰 음료를 개발하고 적용해서 매장이 정체되지 않고 성장할 수 있도록 그 기회를 잡아야 해. 반드시!

메뉴 구성에도
기본 원리가 있다

최근 바리스타 자격증을 따고 난 뒤에 이젠 카페를 해도 되지 않을까 싶어 창업을 준비하던 A씨가 있었어. 그런데 준비를 하던 중 도저히 자신이 없다고 나에게 컨설팅을 의뢰했지.

A씨는 커피 교육도 열심히 받고 좋은 점포를 얻기 위해 매일 발로 뛰며 부동산을 찾으러 다니는 사람이었어. 그래서 A씨를 보면서 창업을 잘할 수 있을 거라 생각했지. 컨설팅 교육이 끝나고 한 달 후쯤이었어. 이젠 점포를 구하고 부동산 계약을 끝내고 난 뒤 본격적으로 인테리어 구상과 카페 콘셉트를 정하는 단계였지. 이때 A씨가 가방에서 주섬주섬 뭔가를 꺼내들고 나에게 보여줬어. 바로 메

뉴 구성과 레시피가 적힌 종이였지.

가만히 들여다보니 일반적인 카페에서 사용하는 레시피라기에는 너무 복잡하고 손이 많이 가는 메뉴들이 많았어. 이런 메뉴들은 보기에도 좋고 맛도 나쁘지는 않아. 그런데 문제는 무엇인 줄 알아? 재료를 구하기 어렵고 재료의 비용이 비싸다는 거야. 또 시간이 오래 걸리고 누가 만드느냐에 따라 맛이 달라질 수 있다는 거지. 즉 재료의 문제와 운영상의 문제가 모두 있는 메뉴들이야. 그래서 이제 막 창업을 시작한 초보자가 하기에는 좀 까다로울 수가 있어.

A씨에게 이 레시피와 구성은 어디서 구했냐고 물어보니 내가 예상한 답을 하더군. 일단 기본적인 건 바리스타 학원 강사한테서 얻었고, 나머지는 유튜브에서 본 홈카페 레시피와 각종 포털 사이트와 앱에서 제공되는 레시피를 모아봤다는 거야. 어디서 많이 본 것 같지 않아? A씨의 행동은 창업을 준비하는 사람들에게서 흔히 볼 수 있는 레퍼토리야. 그대가 했던 것처럼 말이야.

메뉴 구성의 시작

카페 창업을 준비하는 시점부터 본격적인 운영이 시작된 뒤까지 끊임없이 고민되는 것이 무엇인지 알아? 바로 메뉴 구성을 결정하는 거야.

카페 메뉴 구성의 첫 번째 단계는 카페의 콘셉트를 고려해서 어떤 메뉴를 중점적으로 판매할 것인가를 정하는 거야. 즉, 커피를 중심으로 팔 것인가, 버블티, 밀크티, 주스, 혹은 스무디나 프라페와 같은 비커피 중심으로 팔 것인가를 정해야 해. 아니면 음료는 고객들이 일반적으로 찾는 기본 메뉴 정도로만 구성하고 디저트를 주력 메뉴를 정할 것인지 판단을 해야 해.

로스터리 카페처럼 커피에 자신 있는 매장은 커피에 중점을, 대학 상권처럼 젊은 층이 많이 오는 매장은 SNS에 올리기 좋은 비주얼의 음료나 디저트를 주력 메뉴로 정해야 해. 이렇게 그대가 하는 카페의 주력 메뉴를 먼저 정하고, 나머지 메뉴를 어디까지 확장할 것인지 생각하는 것이 그 첫 번째 단계야.

그렇다고 해서 주력 메뉴에만 집중하라는 것은 아니야. 예를 들어 핸드 드립을 주력으로 하는 매장을 생각해봐. 만약 이 매장이 커피만 신경 쓰고 다른 건 신경 쓰지 않는다면 어떻게 될까? 만약 그날은 커피가 땡기지 않는다면? 그 손님은 다른 곳으로 가겠지.

커피 쪽으로만 신경 쓰는 것도 좋지만 앞에서 말한 것처럼 고객들이 찾을 만한 메뉴들도 함께 구비해야 다양한 고객들의 요구에 맞출 수 있어.

그러면 잡화점처럼 메뉴를 많이 구성해야 하나라는 생각이 들 수도 있어. 하지만 그것도 틀린 생각이야. 괜히 이런저런 메뉴가 잡다하게 있다면 고객들에게 선택 장애를 안겨줘서 도대체 뭘 주문해야 좋을지 모를 수 있어.

창업 초기에는 주력 메뉴 중심으로 메뉴를 구성해서 고객들에게 우리 매장의 콘셉트나 특징을 확실하게 각인시켜주는 것이 유리해. 그러고 나서 차차 트렌드나 계절에 따라 신메뉴를 추가하고 판매가 부진한 메뉴는 과감하게 구성에서 빼야 해. 메뉴 라인을 서서히 가다듬어 가는 것이 좋아.

두 번째 단계는 재료의 활용성을 생각하여 메뉴 구성을 결정하는 거야.

A씨가 가져온 레시피에는 보기도 좋고 먹기도 좋은 메뉴들이 많았어. 그런데 문제는 하나의 메뉴에 필요한 재료가 다른 곳에서는 전혀 쓰이질 않는다는 거였어. 보통 하나의 재료가 최소 2~3개 이상의 메뉴에 사용돼야 활용성이 좋다고 할 수 있어.

내 카페에서는 과일청을 많이 만들어. 그중 레모네이드를 만드는 데 사용되는 레몬청을 한번 보자고. 이 레몬청 하나로 만들 수 있는 게 레모네이드, 레몬티, 디저트에 올라가는 가니쉬, 다른 과일청과 섞어서 만드는 스무디, 또 다른 종류의 에이드야. 5종류 이상의 메뉴에 레몬청 하나가 사용되는 거지. 이렇게 사용하면 재고 소진이 원활해지고 버려지는 것이 없지. 이건 엄청난 장점이라고.

하나의 재료를 하나의 메뉴에만 사용하게 되면 단순히 재고 소진 문제로 끝나는 게 아니야. 그 재료를 구입할 때 들어가는 택배비 등 부가적인 비용과 재고 관리 비용 등이 소소하지만 계속 들어가는 거지. 특히 이런 재료가 공산품이 아니라 과일, 버터, 크림 등 유통기한이 짧은 재료라면 더더욱 관리가 힘들지 않겠어?

SNS는 이제 기본적인
홍보 수단이다

2010년 이후 많은 사람들이 새로 맞닥뜨린 골치 아픈 문제가 있어. 무엇일까? 맞아. 바로 SNS야. 네이버 블로그나 카페는 고전적인 것들이고 트위터를 비롯하여 인스타그램, 페이스북, 유튜브 등 다양한 소셜 네트워크 서비스가 등장했어. 그리고 이런 SNS는 이제 수많은 사람들의 일상 생활에서 큰 비중을 차지하게 되었지. 사람들이 많이 쓰니 자연스레 장사하는 사람들도 SNS에 관심을 가질 수밖에 없게 된 거지.

사람들은 스마트폰을 들고 다니면서 수시로 맛집과 분위기 좋은 카페를 검색해서 찾아가. 대부분의 사람들이 그러니 이런 사람들의 트렌드를 좇아가려면 SNS를 해야겠다는 생각, SNS가 없다면 가게가 잘될 수 없을 것만 같은 불안감이 들지.

그런데 그거 알아? 비슷해 보이지만 SNS도 각 서비스의 종류에 따라서 활용하는 방법이 다른다는 걸 말이야. SNS에 대해 알고는 있지만 한 번도 직접 SNS를 이용한 적이 없는 사람이라면 어떨까? 홍보의 도구로 사용하기는커녕 익숙해지는 것만으로도 벅찰 거야.

익숙해지기도 힘들다는 이유로 SNS를 포기해야 할까? 만약 그대가 그렇게 생각한다면 기본이 안 된 거야.

가오픈부터 대박난 카페

최근에 경기도 일산에 오픈한 D카페가 있어. 내가 건축하는 시점부터 관여해서 컨설팅까지 한 카페야. D카페는 가오픈 날부터 자리가 없어서 손님이 대기하는 일까지 벌어진 대박 매장이야. 건물의 2개 층을 사용하는 대형 매장인데도 불구하고 자리가 없었다니까.

D카페는 일산에서도 외진 장소, 주변에 논밭만 가득하고 밀집 건물이라고는 하나도 없는 곳에 있는데 사람들은 어떻게 알고 그렇게 몰려온 걸까?

보통 D카페처럼 이 정도로 외진 곳에 있는 카페는 자리잡기까지 최소 6개월에서 1년 이상의 시간이 걸려. 이 정도 규모의 카페를 컨설팅하는 게 한두 번도 아니고 기존과 크게 다르게 컨설팅한 것도 아니었어. 그래서 도대체 왜 유독 이 매장만 가오픈 날부터 대박이 난 건지 우리 직원들 모두가 궁금해 했어.

그런데 직원들이 몰랐던 것이 있어. 그건 D카페에 지금까지 하지 않았던 새로운 마케팅이 적용되었다는 거야. 그 마케팅이 제대로 빛을 발한 거지.

D카페는 건축 설계에 들어갈 때부터 SNS 홍보를 염두에 두고 있었어. 입소문의 시발점이라 할 수 있는 인스타그램의 경우 사진 찍기 좋은 곳이나 사진을 찍었을 때 먹음직스러운 메뉴가 인기 있어. 그래서 처음부터 '사진맛집'의 개념으로 카페를 설계한 거야. 그래서 오픈 전부터 차근차근 인스타그램, 네이버 카페, 네이버 플레이스, 블로그, 페이스북 등 SNS 홍보를 시작했어.

예를 들어 네이버 카페의 경우, 건물 디자인을 소개하는 카페, 베이커리를 소개하는 카페, 커피를 소개하는 카페, 맘카페 등 관련된 모든 카페에 홍보를 했고, 인스타그램의 경우 핫플을 소개하는 홍보 인스타 채널, 맛집을 소개하는 채널, 그리고 유튜버와 같은 유명 인플루언서 협찬, 인기 검색어를 활용한 태그 홍보 등 대부분의 SNS 채널을 모두 동원해 홍보 활동을 했어.

즉, 도심지가 아닌 외진 곳이라는 지리적인 한계를 온라인 홍보

를 통해 극복한 거야. 게다가 이 홍보 방법은 항상 스마트폰을 끼고
다니는 사람들에게 딱 맞는 방법이었던 거지.

사람들의 트렌드가 변화했고 실제로 그것을 반영해 성공한 사례
가 있는데도 여전히 SNS 홍보를 하지 않겠다고? 그건 그냥 장사하
기 싫다는 말인 거지.

SNS 홍보는 만능인가?

최근 SNS 홍보로 성공한 사례들이 많아지다 보니 무조건 SNS
홍보만 잘하면 성공이라고 생각하는 사람들도 많아졌어. 그런 사람
들은 성공의 이면에 보이지 않는 중요한 요소를 간과한 거야. 그 중
요한 요소가 무엇인지 감이 와?

마케팅의 핵심과도 같은 거야. 바로 제품이 좋아야 팔기도 좋고
팔린 후에도 꾸준히 고객들이 재구매한다는 원리지. 다시 말해 카
페가 대박나기 위해서는 손님들이 찾을만큼 인테리어도 좋아야 하
고 커피도 맛있어야 하고, 보기도 좋고 달콤한 디저트도 있어야 하
고, 직원들의 서비스도 훌륭해야 해. 거기에 가격, 분위기, 음악, 프
로모션, 이벤트 등 손님들을 만족시킬 모든 요소들도 골고루 구성
되어 있어야 해.

SNS 홍보를 통해 초기 손님들을 유입시킬 수는 있겠지. 그런데 SNS를 보고 방문은 했는데 막상 커피의 맛이 별로라면? 인테리어가 별로라면? 서비스가 엉망이라면?

장기적으로 손님들이 재방문하고 손님들이 자신의 SNS를 통해 자발적으로 홍보해 입소문을 타는 곳이 되려면 결국 카페라는 제품, 즉 본질적으로 훌륭한 카페를 만들어야 한다는 걸 잊지 말라고.

SNS 못지않은
고전적인 홍보 방법이 있다

요즘에는 기본적으로 SNS 홍보를 해야 한다고 하니까 벌써부터 두려워하는 이들이 많아. 인스타그램이니 페이스북이니 하면서 소셜 네트워크에 대한 관심으로 온갖 매체가 떠들어대는 통에 조금 관심이 가기는 하지만 당최 어찌 활용해야 할지 모르는 거지.

다들 스마트폰을 들고 다니면서 수시로 맛집과 분위기 좋은 카페 등을 물색하는 사람들 속에서 그대의 카페만 고릿적 따분한 장소가 되는 것 같아 불안이 엄습하기도 할 테고.

SNS 마케팅을 바이럴 마케팅이라고도 해. 한마디로 온라인에서 사람들의 입에 오르내릴 수 있는 구전효과를 노리는 마케팅이야.

그런데 사실 온라인에서 떠도는 카페의 유명세와 오프라인의 실제 카페 매출이 정비례하지 않는 경우도 많이 있어. 이상하다고? 온라인에서 그렇게 유명한데 왜 카페 매출은 높아지지 않는 거냐고? 이제부터 그 이유를 말해줄게.

SNS 홍보 카페에 가봤더니

홍대에 소재한 D카페는 많은 사람의 블로그와 인스타그램에 자주 이름이 오르내릴 정도로 인기가 좋지. D카페에 대한 SNS에는 꼭 한번 가보고 싶다며 사람들이 누른 추천과 너도나도 다녀왔다며 극찬을 아끼지 않는 댓글들로 그득해.

하루는 D카페가 얼마나 대단하기에 이런 인기를 누리는 건가 싶어서 나도 한번 가봤어. 그런데 이게 웬일? 실제 매장에는 손님이 별로 없었어. 혹시나 싶어서 2시간 동안 앉아서 지켜봤지만 손님은 겨우 몇 테이블만 채우고 사라질 뿐이었지. 한 마디로 빛 좋은 개살구였어.

온라인 홍보에 치중하는 사장들은 IT기술에 밝은 젊은이들이 대부분이야. D카페의 사장도 젊은 축에 속하는데 매장에서도 내내 스마트폰을 붙잡고 SNS 홍보에 매달리는 것 같았어. 물론 온라인의 인기와 더불어 오프라인에서도 매출이 높은 곳이 꽤 있어. 하지만 D카페의 경우처럼 일치하지 않는 경우가 더 많아. 그 이유는 매장을 찾는 고객층에 있어.

매장을 찾는 이들은 매장이 위치한 지역을 주기적으로 방문하는 사람이야. 그 지역 주민이라든지, 그 근처에 있는 회사에 다니는 직장이라든지, 인근 학교에 다니는 학생 또는 관련 종사자들이지. 한편 온라인을 통해 소문을 접하고 매장을 직접 찾는 이들은 기껏해야 한 달에 한 번 또는 이 주에 한 번 방문하는 정도야. 그들이 아무리 좋은 평을 남기고 자주 찾아가겠다고 해도 단골이라 하기에는 무리가 있지. 엄밀히 말해 매장의 이미지를 긍정적으로 만들어주는 고마운 손님이기는 하지만, 매출에는 별 도움이 되지 않아. 그렇다고 지금 당장 온라인 활동을 중지할 필요는 없어. 단지 온라인을 통해 방문하는 손님들은 매출에 큰 영향을 주지 않으니 SNS 마케팅 비중을 조금 줄이면 되는 거야.

그러면 메뉴 도입에는 트렌드를 따르라면서 홍보에는 트렌드를 따르지 말라는 이유는 뭐냐고? 그건 장소에 따라 방법을 달리 해야 하기 때문이야. 앞서 말한 일산 D카페의 경우는 유동인구가 매우 적고 출퇴근 길에 오며 가며 볼 수 있는 위치가 아니기 때문에 SNS 마케팅에 집중했던 거고, 일반적인 주택 상권이나 오피스, 학생 상권 같은 경우는 다소 고전적인 방식이 매출을 올리는 데 가장 효과가 좋아.

혹시 카페를 홍보하기 위한 전단지를 돌려본 적 있어? 아마 카페를 시작한 초기에는 한두 번 해봤겠지. 아예 홍보물을 돌릴 생각조차 하지 않았을 수도 있고. 아마도 곧 카페의 손님이 될 사람들에게 고급스러운 이미지를 심어주기 위해 또는 전단지를 홍보 수단으로 자주 사용하는 식당들이 그렇듯이 그다지 효과가 없을 것 같다는 이유로 그랬을 거야. 게다가 전단지를 돌리는 건 '카페가 인기가 없어 손님이 하나도 없으니 제발 좀 찾아와 주십시오.'라는 간절함을 호소하는 부정적인 표현이라고 여기는 이들도 있을 거야.

어떤 책에서는 이렇게 말하던 걸.

"사람들을 불러 모을 수 있을 것 같은 전단지를 돌리는 것보다 기존 고객에게 충실한 것이 더 낫다."

이런 말은 손님이 어느 정도 있을 때나 가능한 거야. 손님이 없는데 무슨 소용이람. 손님이 있어야 잘하고 말고 할 일 아니야?

바로 반응이 오는 쉽고 간편한 홍보

이렇듯 부정적인 이미지로 가득한 전단지는 왜 돌려야 하는 걸까? 홍보물의 효과는 무시할 만한 게 아니야. 약간의 유머가 담긴,

손님들이 재미를 느낄 수 있는 내용을 담으면 더 효과가 좋지. 우선 전단지 제작비용은, 특별히 좋은 종이를 쓸 필요는 없으니까(종이의 품질에 따라 제작비용이 달라지므로 제작하기에 앞서 반드시 고려해볼 것) 평균 4천 매에 5만 원 내외로 하면 돼. 디자인은 직접 하면 좋겠지만, 그럴 만한 사정이 아니라면 디자인 의뢰비용이 2만~3만 원 정도 추가돼.

대략 8만 원 정도의 저렴한 비용으로 4천 매나 만들 수 있지만, 아무 때나 마구잡이로 뿌려서는 안 돼. 오전 출근 시간대와 오후 2~3시경 매장이 한가한 시간에 100장 정도 매장 앞에서 돌리는 게 좋아. 물론 직원과 함께 말이지.

처음에는 사람들이 전단지를 잘 받지 않는 통에 내미는 손이 무안하고 창피해서 그만둘까도 싶겠지만, 그것도 곧 익숙해져. 30분 정도면 100장은 돌릴 수 있으니까, 잠깐의 창피함은 잠시 미뤄 둬. 매장의 매출을 위해서.

평균적으로 전단지 100장을 뿌렸을 때 최소 5장 이상이 회수돼. 회수율은 전단지에 붙인 쿠폰으로 파악할 수 있어. 보통 DM을 전문으로 하는 회사의 경우, 이메일이나 우편을 통해 홍보물을 보내면 회수율은 3% 정도야. 반면에 매장 앞에서 30분간 뿌린 전단지가 매번 5%의 회수율을 보인다는 건 꽤 훌륭한 결과라 할 수 있어.

쿠폰 5장이 회수됐다는 건 5개의 테이블에서 주문이 발생했다는 거야. 테이블당 7천 원 정도의 단가로 보면 총 3만 5천 원의 매출을 올린 거야. 따라서 홍보물을 2번, 즉 전단지를 200장을 뿌리면 제작비는 이미 건진 셈이지.

게다가 3,800장의 전단지가 남아 있다면, 단순 계산만으로도 한 달에 140만 원의 추가 매출을 올릴 수 있잖아. 더구나 홍보물로 처음 카페에 발을 들인 손님이 재방문하거나 다른 손님과 함께 온다면 지속적인 매출 효과를 얻을 수 있어. 이렇게 전단지를 한 번 제작해서 뿌리면 최소한 2명이 6시간 아르바이트한 한 달 인건비를 충당할 수 있다고.

홍보물에는 전단지 외에도 여러 가지 클래식한 쿠폰, 포스터 등을 활용할 수 있어. SNS가 대세라고 해도 여전히 사람들은 고전적인 방식에 익숙함을 보이곤 해. 매일같이 매시간 스마트폰만 들여다보며 뜨내기손님을 불러들이는 데 매달리기보다는 가장 확실하면서도 간과하기 쉬운 마케팅 방법들에 집중하는 것이 훨씬 나을 거야. 그사이 새로운 마케팅 방법에 익숙해질 시간을 벌어보자고.

고전적인 방법과 트렌디한 방법을 동시에 활용하는 그때 비로소 그대의 카페는 오래도록 인기를 끌며 언제나 손님들로 북적일 거야.

즐겨라, 쉬어라,
그래야 산다

신촌에 있는 E카페 사장은 이런 말을 하곤 해.

"카페 사장은 절대 자기 매장에서 반경 200미터 이상을 벗어나면 안 돼. 사장이 늘 자리에 있어야 단골손님이 떨어지지 않지."

E카페가 장사가 잘되는 곳이기는 해도 그곳 사장의 철학이 옳다고 단정해서 말할 수는 없어. 게다가 1년 365일을 그렇게 산다는 건 쉽지 않아.

그대는 왜 카페를 시작한 거야? 매일 쳇바퀴 돌 듯 반복되는 샐러리맨 생활에 지쳐서 그동안 누리지 못한 자유를 만끽하고 싶었던 것 아니야? 좋아하는 일조차도 즐겨야 오래도록 지치지 않고 할 수 있듯이 처음에 생각했던 것과 달리 그대가 카페의 문을 열기 위해 집을 나서는 순간, '오늘 하루도 또 그렇고 그런 날이 되겠구나.' 싶다면 처음 카페를 시작하게 된 계기를 곰곰이 생각해봐.

아마도 어느 누구의 눈치도 보지 않고 카페에서 커피를 마시면서 책을 읽는 그럴싸한 자신의 모습을 기대했겠지. 하지만 그것도 잠시, 부진한 매출 때문에 카페를 유지하는 것조차 힘들어지면 또다시 스트레스에 찌들게 돼. 그러면서 '잘 다니던 회사를 왜 관뒀을까, 꼬박꼬박 잘 나오는 급여로 마음 편히 살걸.' 하는 생각도 할 테지.

이런 푸념 섞인 생각이 머릿속을 휘저을 때는 쉬어, 쉬면 돼. 가뜩이나 손님이 없어 매출이 바닥인데 어떻게 쉬냐고? 그대가 하루도 쉬지 않고 매일같이 카페의 문을 연다 해도 지금과 같은 상태라면 뭐가 다른데? 단지 며칠이라도 쉬면서 심신을 다스려 봐.

여행을 떠나든지, 카페 투어를 떠나든지, 온종일 영화를 보든지, 가족과 놀이공원에서 즐겁게 시간을 보내든지 며칠만이라도 카페 매출에 대한 걱정은 털어버리라고.

사장의 컨디션이 중요한 이유

나도 한때 매출 부진에 시달린 적이 있었지. 주변에 대형 프랜차이즈 매장이 몇 개씩 들어서던 그때는 매출 경쟁이 엄청 심했어. 단골들도 새로 생긴 매장에 들락거리기 일쑤였고, 간혹 맞은편 프랜차이즈 카페에서 나오는 단골과 눈이 마주치는 날이면 속상한 마음에 쓰디쓴 에스프레소만 몇 잔씩 들이켜곤 했어.

매출이 떨어진다 싶으면 의욕은 온데간데없고 짜증만 나게 돼. 이때는 손님을 대하는 데도 문제가 생겨. 뒤숭숭한 분위기에 들어오던 손님이 그냥 나가는가 하면, 자리한 손님조차도 오래 있지 못하고 금방 자리를 뜨는 거야. 그러면 또다시 텅 빈 매장만 남지. 반면 매출이 쑥쑥 오르면 새로운 마케팅 기법을 적용해보고, 음악도 다양하게 선곡해보고, 즐거운 마음으로 손님을 대하니 저절로 일이 즐거워지는 선순환이 반복되지.

하루는 한 외국인 손님이 내 매장을 찾았어. 이름은 닉인데, 지금은 내 페이스북 친구가 됐지. 그가 매장에 들어오는 순간 왠지 모를 밝은 기운을 받았어. 약간은 히피 같고 과할 정도로 자유분방해 보이는 그의 모습이 조금은 부담스럽기도 했어. 게다가 염탐하러 온 것처럼 음료나 한국의 카페 문화에 대해 시시콜콜 물어보더군. 잠시 후 아메리카노를 한 잔 주문하고 빈자리를 찾아 앉아 있는 그에게 음료를 직접 가져다주며 슬며시 말을 걸었어. 그날따라 손님도 없고, 독특해 보이는 외국인 손님이 궁금해서 참을 수가 없었거든. 한참 그와 이런 저런 이야기를 나누던 중에 그의 정체가 밝혀졌어.

닉은 미국 덴버의 한 카페에서 일하는 바리스타였어. 그가 한국을 찾게 된 건 나름의 이유가 있었어.

그가 일하던 매장은 엄청 바빴대. 피크 타임 때는 손님이 하도 많아서 마치 자신이 로봇이 된 양 기계적으로 일을 하더라는 거야. 그렇게 2년간 일하다 보니 커피의 매력에 빠져 바리스타가 된 그때의 열정을 잃어버렸대. 직업으로 커피를 대하는 순간 일이 지겹고 힘들기만 하더래. 그래서 당장 일을 관두고 짐을 싸서 한국과 일본을 여행하고 있다는 거야. 다행히 이번 여행을 통해 비슷해 보이지만 각기 독특한 멋을 풍기는 한국과 일본의 카페 문화를 접하면서 커피에 대한 열정이 다시금 피어오르고 있다고 했지. 여행을 마치고 다시 집으로 돌아가면 자신의 카페를 열겠다고 했어.

닉의 이야기를 듣는 순간, 갑자기 머리가 띵해졌어. 전혀 풀릴 것 같지 않은 문제의 해답이 하늘에서 툭하고 떨어진 것 같다고나 할까. 처음엔 갑자기 하던 일을 그만두고 여행을 간다는 게 어디 쉽겠나 싶었는데, 결국 무슨 일을 하든지 간에 그에 대한 마음가짐과 심리 상태가 성공과 실패를 가를 수 있다는 생각이 들더라고. 의지도 없고 재미를 전혀 느끼지 못한다면 무슨 일이든 제대로 하겠어.

잘되는 사장들의 자기 관리법

내 꿈을 이루기 위해 그토록 애써왔는데 인생의 절반도 못 와서 이렇게 지치면 어떻게 하나 싶어 고민 끝에 일주일 동안 직원들에게 매장을 맡기고 나도 쉬기로 결정했어. 찜질방에서 온종일 빈둥거리기도 하고, 홍대나 강남 일대를 돌면서 카페들을 염탐하기도 하고, 가족과 1박 2일 여행도 가보고, 책도 실컷 읽었지. 그동안 매장에 대한 생각은 전혀 하지 않았어. 그런데 닷새쯤 지났나, 갑자기 내 카페는 잘 돌아가고 있나 하는 생각이 들더라고. 그때 문득 깨달은 사실은 그동안 고민해오던 매출에 대한 생각보다는 어떻게 하면 더 즐겁게 카페를 운영할까에 대한 아이디어로 내 머릿속이 가득 차 있더라는 거야.

이러저러한 소품과 아이템을 매장에 배치하면 매장 분위기가 살아나겠다 싶은 생각이 드니까 마치 새로 카페를 시작하는 것 같았어. 처음 무언가를 할 때의 그 들뜬 기분 말이야. 매장을 떠나 있으니 내 카페를 더 객관적으로 보게 되고, 지친 마음을 달래고 나니 의욕이 새록새록 솟아났어. 고작 일주일뿐이었지만 몇 달 동안 푹 쉰 것같이 상쾌했지.

그동안 다른 카페를 찾아다닌 것이 큰 도움이 됐어. 내가 생각해 내지도 실천하지도 못한 것들로 가득한 카페들을 보면서 많이 반성

했지. 즐기면서 오래도록 일을 하려면 지치지 않게 쉬어가면서 해야 한다는 것을 깨달았어.

여태 내 이야기를 듣고도 매출 때문에 억지로 매장에 붙들려 있는 거야? 당장 문 닫아. 그리고 쉬어. 그게 그대가 살 길이야.

가족 같은 직원이란 말은 잊어라

하루는 종로에 있는 F카페 사장에게서 전화가 왔는데 무척 다급한 목소리였어.

"어디 괜찮은 사람 없을까? 매니저가 갑자기 일을 그만둬서 어떻게 해야 할지 모르겠네. 가족처럼 잘 대해줬는데 왜 그러는지 모르겠어. 정말 상전 모시는 기분이라니까."

텔레비전이나 신문에서는 실업률이 높다며 사회적으로 문제가 되고 있다고 보도를 하는데 정작 현실에서는 직원 구하기가 하늘의 별따기야. 경험이 많지 않아도 되고 큰 실력을 필요로 하지 않는 시간제 근무 직원은 무난히 구할 수 있어. 하지만 업무상 한 부문을 담당하는 실력 좋은 직원을 구하는 건 여간 어려운 게 아니야. 아마 그대도 이런 문제로 골치 좀 앓았을 거야, 그렇지?

일하고 싶어 하는 사람은 많은데, 정작 일할 사람이 없다는 이런 아이러니한 현상은 왜 일어나는 걸까?

가족같이 잘 대해줬는데

바로 F카페 사장의 "가족처럼 잘 대해줬는데"라는 말에서 그 원인을 찾아볼 수 있어.

'가족같이 일할 직원을 모십니다' 같은 구인광고를 본 적이 있을 거야. 이는 좋은 직원을 찾는 데 도움이 되는 문구는 아니야. 직원을 가족처럼 대한다는 건 바람직한 직원과 고용주의 관계가 아니라는 말이거든. 근본적으로 고용주는 직원들과 진실하게 마음을 나누는 관계가 돼야 해. 사람과 사람의 관계가 비즈니스적인 차원에서만 이뤄지는 것도 문제가 될 수 있지만, 서로 허물없이 지낸다거나 가족을 대하듯이 모든 것을 내주는 그런 관계가 돼서도 안 돼.

사장과 직원은 고용인과 피고용인의 관계야. 즉 노동에 대한 대가를 돈으로 지급하고 받는 관계지. 이 과정에서 고용인과 피고용인은 서로 자신이 생각하는 대가에 대한 가치의 기준점이 다르기 때문에 상대에 대해 불만이 쌓일 수밖에 없어. 사장은 자신이 생각하는 직원의 노동 강도에 맞게 급여를 주려고 하고, 직원은 자신의 노동 강도에 비해 급여가 적다고 여기는 거야.

이 와중에 사장은 직원에게 급여를 두둑하게 줄 뿐만 아니라 가족처럼 잘 대해준다고 생각하는 거지. 그런데도 직원이 갑자기 일을 그만두겠다고 하니 직원 관리나 처우에 대해 늘 고민인 거야.

고용인과 피고용인은 동지 관계가 돼야 해. 동지(同志)가 의미하는 바대로, 서로 뜻을 같이하는 관계 말이야. 뜻을 함께하고 목표하는 바가 같은, 수직적이지만 수평적인 관계를 유지해야 하는 거야. 고용인과 피고용인이 아닌 비즈니스 파트너와 같은 관계 말이야.

직원과 적절한 거리를 유지하는 법

그렇다고 감정적이고 금전적인 보상만이 전부는 아니야. 직원들의 입장에서는 그보다 더 중요한 것이 있을 수 있지. 비록 급여를 받으며 일을 하지만 커피업계에서 뭔가 뜻하는 바를 이루고자 할 수도 있어. 따라서 사장은 크든 작든 직원들이 그들만의 목표를 달성하도록 돕기도 해야 해.

예를 들어 돈을 많이 벌고자 하는 목표를 가진 직원이 있다면, 그에게는 성과별 인센티브를 지급하는 거야. 대신 매출을 올릴 수 있는 방법을 찾아보게 하는 거지. 그 방법을 도입해서 그에 상응하는 성과를 이루면 흔쾌히 보상을 하면 돼. 사장이 기본 급여보다 더 많은 돈을 벌 수 있는 방법을 알려주는데, 당연히 최선을 다하지 않겠어? 금전에 대한 욕구가 강한 직원은 성취욕도 높은 편이어서 자신이 찾아낸 방법을 성공시키기 위해 역량을 최대로 쏟아부어.

실제로 밸런타인데이에 초콜릿 선물 세트와 텀블러 결합 상품을 개발한 직원에게 해당 상품을 판매한 수익의 몇 퍼센트를 인센티브로 지급했더니 이후에도 매출을 올리기 위해 수많은 아이디어를 냈어. 덕분에 매출이 꽤 올랐지. 계속해서 아이디어에 대한 수익을 분배한 결과, 직원들의 사기나 업무 태도가 무척 좋아졌어.

이외에도 커피에 대한 열정이 높은 직원은 관련 교육을 받도록 하거나 바리스타 대회 같은 행사에 참여할 수 있도록 지원하는 방법도 있어. 만일 바리스타 대회 같은 행사에서 직원이 좋은 성과를 거두면 매장 홍보 차원에도 큰 도움이 돼.

직원들이 무엇을 원하는지 대화를 하고 논의한다면, 그들을 도우면서도 그에 대한 시너지 효과로 매장의 매출을 높일 수 있어. 직원을 가족같이 대한다는 말은 이제 진부하고 구시대적인 직원 관리 방법이야.

젊은 세대들은 경제적인 면도 중시하지만 자신이 원하는 바에 대한 개인적인 열망도 매우 커. 직원을 정으로 대하기보다 그가 무엇을 원하는지 알고, 그것이 그대와 직원이 함께 이루어나갈 수 있는 것이라면 전폭적으로 지원해봐.

아마도 직원들의 최종 목표는 자신만의 카페를 운영하고자 하는 걸 거야. 이를 위해 경험을 쌓고 자신만의 스펙을 쌓고자 하겠지. 이러한 점을 이해한다면 언제까지나 그대의 직원일 수 없다는 점도 잘 알 거야. 다만 직원들은 근무하는 동안 자신들이 원하는 것을 얻을 수 있도록, 그리고 사장인 그대는 그에 대한 시너지 효과를 얻을 수 있도록 서로 상생해 나가야 해. 이런 마인드로 직원들을 대한다면 더는 직원 문제로 골치 앓을 일은 없을 거야.

고용 문제에서도 입소문의 위력은 대단하거든. 그대의 이해와 혜안이 발휘되는 순간, 좋은 직장에서 일하기 위해 실력 좋은 직원들이 알아서 그대를 찾아올 거야.

전략적 동맹이
승리로 이끈다

'카페 유니온'은 네이버 카페에 문을 연 온라인 커뮤니티야. 온라인에서 카페를 운영하는 사장들이 서로 고충을 털어놓고 각자의 경험을 공유하지. 얼마 전 이런 글을 보았어.

"사방이 적으로 둘러싸여 있다. 너무 경쟁이 심해서 어떻게 해볼 도리가 없다."

아마 그대도 같은 마음일 거야. 말 그대로 한 집 건너 한 집이 카페 또는 커피전문점이니 경쟁이라 하기에도 버거울 정도야. 실로 전쟁이라 할 수 있지. 남을 죽이고 내가 살아남아야 이길 수 있는 전쟁.

경쟁보다 동맹

현대 사회에서 경쟁 없는 산업이 어디 있겠느냐마는 카페 시장의 경쟁은 갈수록 심해지고 있어. 별 준비도 하지 않고 카페만 차리면 쉽게 돈을 버는 줄 아는 이들이 많아. 그대도 처음엔 그런 생각 좀 했지? 베테랑이 즐비한 카페 시장에서 아무런 무기 없이 맨몸으로 뛰어드는 건 짚을 짊어지고 불 속으로 뛰어드는 격이야. 무기도 없이 전쟁터에 뛰어든 거나 다름없다고.

이러한 상황을 어떻게 극복하느냐고? 주변에 즐비한 경쟁 관계의 카페들에 신경 쓰기보다 같은 편이 될 수 있는 식당이나 미용실, 뷰티숍 등을 찾아보는 거야. 이들은 업종이 다르기 때문에 서로 상부상조할 수 있어. 식당은 매 끼니 식사를 해결하면서, 미용실은 헤어스타일을 다듬으면서, 뷰티숍은 미용실을 나와 헤어 세팅용 젤이나 왁스를 사면서 얼굴을 익히는 거야.

그런 다음에는 식당과 손잡고 1+1 행사를 해서 식사 후에 무료로 커피를 제공하거나, 미용실과는 쿠폰 행사와 더불어 직접 매출이 발생하는 원두 납품을 시도하거나, 뷰티숍과는 상품 구매 시 쿠폰 증정 행사 등을 하는 거지.

결과는 의외로 괜찮아. 그들이 보내주는 손님 수가 상당하거든. 쿠폰을 회수한 수량을 분석해보니 매장마다 거의 10% 넘게 회수

됐어. 총 1만 원을 들여 각 매장에 쿠폰을 500매씩 보냈는데, 다시 50매씩 회수되니 투자 대비 성과가 제법 좋더라고. 이웃한 식당이나 상점과 손잡고 계산 시에 손님들에게 영수증과 함께 쿠폰을 한 장 더 얹어 준 것뿐인데 말이야.

이후에는 조금 더 아이디어를 보태 빙고쿠폰을 진행하기도 했어. 총 16개의 칸에 식당, 미용실, 뷰티숍, 카페 등의 상호를 넣는 거야. 손님들이 쿠폰에 적힌 매장을 방문할 때마다 도장을 찍고, 그렇게 해서 그 매장들을 다 돌면 한 줄이 완성되는 거지. 그러면 카페에서는 아메리카노를 한 잔을 무료로 제공하는 거야. 손님들 입장에서는 그들이 자주 가는 식당, 뷰티숍, 미용실 등에서 도장을 받고 카페에서 커피를 사 마시면 기간 내에 아무 때고 아메리카노를 무료로 한 잔 마실 수 있으니 얼마나 좋아.

누구나 내 편이 필요하다

경쟁 관계 속에서도 주변을 둘러보면 의외로 같은 편이 될 수 있는 사람이 무지하게 많아. 다만 그것을 발견하지 못할 뿐이지. 성공이란 혼자만 애쓴다고 해서 될 일이 아니야. 사람은 사회적 동물이라는 명제처럼, 나와 관계된 여러 사람과 손을 잡고 함께할 때 가능한 거야.

카페 근처에 식당, 미용실, 뷰티숍 같은 상점은 수없이 널려 있어. 사실 이런 쿠폰 행사를 마다할 사람은 별로 없어. 한번 도전해봐. 최소한 본전은 뽑을 수 있는 마케팅 방법이야.

동종 업계에서도 전략적인 제휴가 충분히 가능해. 카페 유니온 같은 개인 카페들과의 연합체가 그것이야. 카페 유니온에 소속된 매장들은 서로 경쟁하지 않아. 오히려 프랜차이즈 카페처럼 같은 쿠폰을 사용함으로써 손님이 도장을 다 찍으면 카페 유니온에 소속된 매장이면 어느 곳에서든 사용할 수 있지. 이는 신규 고객을 확보할 수 있다는 이점이 있어. 또 새로운 음료나 사이드 메뉴를 개발하면 각 매장에서는 선택에 따라 메뉴로 올릴 수도 있어. 이것이 백지장도 맞들면 낫다는 것 아니겠어?

홀로 감당해야 할 많은 고민과 시행착오를 함께하다 보면 좋은 정보를 손쉽게 얻을 수 있고, 실패로 인한 손실도 줄일 수 있어. 이웃은 경계 대상이 아니라 상생의 대상이야. 힘을 합쳐 서로 발전할 수 있는 관계를 만들어보자고.

손님이 없는 시간대도 돈으로 만든다

오전 10시~11시, 오후 3~4시. 그대는 이 시간에 뭐 해? 어떤 카페 사장은 행여 누가 카페 문을 열까 싶어 멍하니 문 밖만 쳐다본대. 그런다고 손님이 들어오나. 이때는 손님이 없는 시간대야. 그런데 오전 10시만 되면 사람들이 하나둘씩 모여드는 카페가 있어.

커피 교실부터 시작하라

그곳에서는 화요일과 목요일 오전 10시에 핸드 드립 교실이 열리기 때문이지. 손님이 뜸한 오전 시간에 동네 주민이나 몇몇 단골과 함께 핸드 드립에 대한 교육을 하는 거야.

한국 커피 시장은 여전히 믹스커피 같은 인스턴트커피와 에스프레소 머신에서 추출되는 커피의 비중이 커. 최근에는 핸드 드립 같은 슬로우 커피가 인기를 얻고 있지만, 아직도 커피 시장에서 차지하는 비중은 매우 적어. 그래서 핸드 드립 커피의 비중을 높일 수 있고, 매장이 한가한 시간을 효과적으로 활용할 수 있는 커피 교실을 여는 거야. 회원은 10명 내외이고, 보통 1인당 1만 원의 회비를 받으니 기본적으로 10만 원의 매출은 확보할 수 있지.

어디 그뿐인가? 사람들이 핸드 드립의 매력을 알게 되면 집에서도 커피를 손쉽게 만들어 마시게 돼. 그러면 원두 판매로 이어지니, 그야말로 꿩 먹고 알 먹고 아니겠어?

혹시 누구를 가르친다거나 사람들 앞에서 떠드는 성격이 못 된다고 생각하는 거야? 커피 교실이라고 해서 누구를 가르친다는 부담을 느낄 필요는 없어. 커피 교실에 참석한 사람들에게 커피에 대한 느낌을 알려주는 거야. 기본적인 이론만 가르치고 나머지는 커피라는 음료에 대해 공감하면 돼.

굳이 핸드 드립만으로 진행할 것이 아니라 에스프레소 머신으로 커피를 추출하는 법이나 베리에이션 메뉴를 가르치는 것도 좋아. 에스프레소 교육은 손님이 있을 때는 수업을 중단해야 하기도 하지만 손님이 없는 시간에 사람들이 북적대면 텅 빈 것보다는 지나가는 뜨내기손님의 발길을 붙잡기도 좋잖아.

커피 교실을 열었다가 반응이 시원찮으면 어떻게 하냐고? 끈기를 가져. 접수 회원이 단 한 명이라 해도 반드시 커피 교실은 진행해야 해. 그 회원이 후에 신규 회원을 끌어올 수도 있거든. 돈을 많이 벌든 원하는 일을 하든 간에 성공이란 걸 하고 싶다면 인내와 끈기는 기본으로 갖춰야지.

다양한 이벤트로 손님을 모아라

미국에는 '해피 아워'라는 시간 타임 이벤트가 있어. 우리나라로 치면 손님이 뜸한 오후 2~4시쯤에 실시하는 이벤트지. 식당에서는 해피 아워 때 음식을 주문하면 음료를 무료로 줘. 나도 일주일에 한 번 정도 비정기적으로 해피 타임 이벤트를 열어 음료 한 잔 주문 시 한 잔을 더 주는 1+1 행사를 진행했어. 단, 여러 이벤트를 통해 얻은 손님의 데이터베이스(DB), 즉 핸드폰과 이메일을 통해 DM을 보내고 이를 보고 찾아온 사람들에게만 적용했어.

또 직원과 함께 전단지를 돌리면서 작은 이벤트를 벌일 수도 있어. 예를 들어 '오늘 검은색 뿔테 안경을 쓴 손님에게 마카롱 1개를 무료로 제공' 같은 내용을 알리는 전단지를 돌리는 거야. '머리카락 길이가 30센티가 넘는 사람', '파마한 사람', '찢어진 청바지를 입은 사람' 등 길을 지나가는 사람 누구나 한두 가지는 해당되는 요소를 집어 넣어 손님들을 매장으로 유도하는 거지.

사람들은 이런 이벤트를 보면 재미 삼아서라도 한 번쯤 들르거든. 설마하니 얼마나 매출에 도움이 되겠냐 싶겠지만, 매장에서 한가로이 시간을 허비하는 것보다는 좋은 성과를 얻을 수 있으니 괜한 의문 갖지 않아도 돼.

카페는 단순히 음료만 파는 곳이 아니라, 음악이나 문학 같은 예술적 감성을 함께 담아낼 수 있는 곳이기도 하지. 그래서 카페에서는 공연도 가능해.

나는 한 달에 한 번 정도 매장에서 인디밴드 공연을 진행해. 카페가 한적한 시간에 많이 알려지지 않은 인디밴드들에게 공연장소를 제공하는 건 서로에게 도움이 돼. 손님들에게 우리 매장이 문화 공간이라는 인식을 심어줄 수 있고, 뮤지션들은 자신의 음악을 맘껏 펼칠 무대를 얻은 셈이고, 손님들은 향기로운 커피 한 잔과 더불어 좋은 음악을 무료로 들을 수 있잖아. 기타 하나만으로도 공연은 가능하니까, 10평짜리 작은 매장에서도 얼마든지 할 수 있어. 뮤지션들에게 분위기 좋은 공간을 내주는 인심으로 손님들의 마음을 사로잡을 수 있는 신선한 음악을 들려주는 멋진 기회를 놓치지 마.

손님들은 커피 한 잔 마시며 여유롭게 시간을 즐기기 위해 카페를 찾지만, 카페를 운영하는 그대는 시간을 낭비해선 안 돼. 언제나 손님들의 발길이 끊이지 않아야 직원들에게 급여를 주고 재료비를 충당하며 그대가 그토록 바라는 삶을 이어나갈 수 있어.

손님이 저절로 들기만을 바라는 건 머지않아 카페의 문을 닫게 된다는 불길한 징조임을 잊지 말라고.

하나만 잘 베끼면
열 아이디어 안 부럽다

벤치마킹이란 특정 분야에서 우수한 상대를 표적으로 삼아 자기 기업과 성과 차이를 비교하고, 이를 극복하기 위해 그들의 뛰어난 운영 프로세스를 배우면서 부단히 자기혁신을 추구하는 경영기법을 뜻하지.

이런 설명이 너무 장황했군. 한마디로 이미 성공한 사람들에게서 배울 점을 찾아 자신에게 적용하는 방법이야. 더 쉽게 말하자면, 베끼자고! 잘 베껴서 나한테 잘 맞추자고.

요즘 텔레비전을 보면 성공한 사람들의 이야기를 자주 볼 수 있어. 한번은 수출회사 사장님에 대한 성공 스토리를 본 직원과 그에 대한 이야기를 나누었지. 그러다가 내가 물었어.

"그걸 보고 무엇을 느꼈어?"

"아, 그 사람 정말 대단하던데요. 재미있게 봤어요."

"재미있었다고? 배울 점이나 반성할 만한 점은 없었어? 다른 느낀 점도 없어?"

"네, 그런 건 잘 모르겠던데요."

난 그의 말에 적잖이 당황했어.

『손자병법』에 나오는 "적을 알고 나를 알면 백전백승"이라는 말은 카페 시장에서도 필요해. 누군가 막연히 카페 창업을 꿈꾸고 있는 이 순간에도 이미 수많은 사람들이 카페의 문을 열고 있지.

누군가는 성공의 길을 걷고 있고, 다른 누군가는 실패로 좌절의 쓴 맛을 보고 있어. 카페 시장에서 성공한 몇몇 사람들은 본격적으로 카페를 창업하기 전에 신발에 구멍이 날 정도로 많은 예비 경쟁 카페를 방문해서 그곳만의 장단점을 파악하고 자신의 카페에 적용할 수 있는 부분들을 차용해왔어. 특히 인근 카페들을 분석해서 자신에게는 없는 부분, 그들의 장단점을 분석해서 자신의 매장은 어떻게 운영해 나가면 좋을지를 결정했지.

벤치마킹의 좋은 예 vs. 나쁜 예

지방에서 카페를 연 후배의 이야기를 들려줄게. 그가 카페를 시작하고자 한 곳은 오피스 상권인데, 주변을 둘러보니 대형 프랜차이즈 카페들만 있었어. 그는 여기서 중요한 틈새를 발견했어. 보통 샐러리맨들은 주문 후 오래 기다리는 걸 싫어하고 비교적 가격대가 저렴한 것을 선호하는데, 프랜차이즈 매장은 이미 갖춰진 시스템에서 벗어날 수 없기 때문에 손님들의 요구를 맞추지 못하고 있었던 거야.

그 사실을 알게 된 그는 강남역에서 샐러리맨들을 대상으로 기가 막히게 장사를 잘하는 G카페를 찾아갔어. 그리고 메뉴, 레시피, 운영 방법 등을 유심히 관찰하고 메모한 뒤 가능한 한 많이 베껴서 카페를 열었는데, 몇 달 만에 매출이 급격하게 올랐어.

그는 이런 벤치마킹으로 쏠쏠한 재미를 본 후로 지금도 이 매장 저 매장 찾아다니면서 배울 점을 찾고 있어.

반대로 K씨는 자본금이 충분해서 앞뒤 가리지 않고 오피스 상권 주변의 인테리어가 화려한 프랜차이즈 카페 같은 대형 카페를 계획했어. 카페의 규모가 클수록 운영 노하우를 충분히 갖춰야 하는데, 경험 많은 매니저를 고용하면 된다는 단순한 생각에 빠져 있었어.

당시 규모가 큰 매장은 프랜차이즈 카페의 운영 방법을 벤치마킹하고 다른 대형 개인 카페의 인테리어와 운영 프로세스를 배워야한다고 분명히 내가 조언했건만, 그는 그런 건 차차 고쳐나가면 된다면서 내 의견은 무시했지.

과연 결과는 어땠을까?

이런 매장을 운영할 수 있는 경험 많은 매니저를 고용하는 것도 어려웠을뿐더러 바의 동선 등 인테리어 구상 단계조차도 전적으로 인테리어 업체에 의존해야 했어. 카페 인테리어 전문업체가 아니면 효율적인 동선을 구축하기가 쉽지 않은데, 엎친 데 덮친 격으로 그가 고용한 업체는 호텔이나 일반 건축물 인테리어 전문이었던 거야. 당연히 카페를 연 후에 직원들이 엄청 고생했지. 그 후 6개월 만에 문을 닫고 말았어.

벤치마킹할 소소한 마케팅 포인트는 주위에 참 많아. 예를 들어 같은 쿠폰 이벤트를 해도 재미있는 문구나 멋들어진 사진을 곁들인 것과 단순한 문구와 카페 로고만 넣은 것의 효과는 천지 차이야.

한번은 대구로 카페 투어를 간 적이 있어. 시내에 위치한 K카페가 유독 기억에 남는데, 그곳에는 매장과 직원, 사장의 사진 등을 활용한 작은 메모지를 만들어 손님이 필요하면 가져갈 수 있도록 했어. 손님이 그 메모지를 사용할 때 매장 사진을 한 번 더 보게 됨으로써 다시 한번 그 카페를 찾는 계기가 되는 거지. 아주 적은 비용으로 큰 효과를 누리는 거야.

이런 좋은 아이템은 얼른 담아둬야 해. 창조적인 아이디어가 없다면 이미지와 문구를 바꿔서 적용하면 얼마든지 활용할 수 있어. 단, 저작권은 간과할 수 없으니 전부 다 베끼는 것은 금물이야.

쉽게 해결해보겠다고 인터넷 검색에 의존하는 사람들도 많아. 하지만 카페에 적용할 아이디어만큼은 반드시 직접 찾아가서 보고 얻어오는 게 좋아. 인터넷에는 엄청난 정보가 돌아다니지만 눈으로 보고 손으로 만져보고 직접 그 공간을 느껴보는 것만큼 확실한 정보는 없어.

벤치마킹도 발도 뛰어야 좋은 것을 얻을 수 있다는 점을 잊지 마.

배달도 입시처럼
공부해야 한다

불과 십수 년 전만 해도 사람들은 배달이라는 단어를 들으면 중국집을 가장 먼저 떠올렸어. 그런데 배달의 민족, 요기요와 같은 다양한 배달 전문 앱이 나오면서 중국집뿐만 아니라 카페를 포함한 웬만한 음식점에서도 배달 서비스를 제공하기 시작했지. 최근 코로나 사태를 겪으면서 비대면 서비스가 더 중요시되다 보니 이젠 카페에서도 배달은 필수가 된 거야.

배달 시장이 크게 성장함에 따라 배달 시스템도 매장으로 전화해서 직접 배달하는 단순한 방식에서 스마트폰에서 터치 몇 번으로 검색하고 주문까지 완료하는 시스템으로 발전했어. 소비자 입장에서야 매우 간단한 방식으로 진화했다고 생각하겠지. 하지만 카페를 하는 입장에서는 눈에 보이지 않는 복잡한 셈법이 숨어 있다는 걸 알아야 해. 결국 배달 주문을 많이 받기 위해서는 소비자들이 찾을 만한 제품과 가격으로 구성을 해야 하고, 이 구성을 소비자들에게 잘 노출하기 위해 배달 앱의 광고 상품을 잘 활용해야 하고, 더 나아가서는 광고와 수수료 등을 잘 이해해야만 밑지고 장사하지 않는 결과를 얻을 수 있어.

실제 배달에서 매출을 많이 내는 곳들 중 일부는 팔면 팔수록 손해인 구조라서 얼마 못 가 배달 서비스를 포기한 경우도 제법 있어. 결국 카페에서 배달로 성공하려면 입시 못지않게 배달 시스템을 치열하게 공부해야 해.

카페 운영과 배달의 필요성

코로나 사태가 장기화되면서 안 그래도 커져가던 배달 시장의 성장 속도가 더 가속화되었어. 특히 거리두기 대책 등 매장 이용이 제한되는 상황이 비일비재하다 보니 카페를 운영하는 입장에서는 배달은 어쩔 수 없는 생존의 선택이 되고 말았지.

하지만 나는 수년 전부터 카페도 배달을 해야 한다는 필요성에 대해 유튜브나 SNS를 통해서 자주 강조하곤 했었어. 카페라는 곳이 커피와 함께 매장에서 여유롭게 시간을 보내는 곳이라는 인식이 강하지만 최근에는 테이크 아웃 등 음료라는 제품의 구입처로 활용되는 상황이 많기 때문이야. 집에서, 사무실에서, 학교에서 커피를 마시는 사람들의 수요는 결국 배달 시장으로 귀결될 거라는 걸 예상한 거야.

카페 시장에서의 배달 수요가 요 몇 년 사이에 기하급수적으로 늘어났다는 것은 그 누구도 반박할 수 없을 거야. 그럼 지금이라도 왜 배달을 해야 하는지 그 필요성에 대해 생각해보자고.

우선 소자본으로도 카페 창업이 가능하기 때문이야. 손님들이 머물 공간이 필요한 카페나 그렇지 않은 테이크 아웃 전문 카페나 모두 장사가 잘 되기 위해 유동인구가 최소한 일정 수준 이상 되는 곳에 매장을 차려야 해. 그런 조건을 갖추기 위해서는 대부분 부동산 비용(보증금, 임대료, 권리금 등)이 높아질 수밖에 없어. 그렇기 때문에 소자본으로 창업이 어려워.

하지만 배달을 전문으로 하는 카페는 이러한 제약이 없어. 음료를 만들 공간만 있으면 되니 넓은 장소가 필요 없고, 굳이 유동인구가 많은 곳에 매장이 있을 필요도 없지. 그냥 한적한 이면도로 구석의 작은 공간에서도 카페를 할 수 있어.

즉, 공간적인 제약이 없어서 적은 부동산 비용으로도 충분히 창업이 가능해. 또 소규모로 창업을 하기 때문에 실패했을 때 그 리스크도 매우 낮아진다는 점에서 유리해.

둘째로 기존 매출 이외에 추가 매출이 생길 수 있어. 매장 홀 운영이나 테이크 아웃 매출만 있었던 기존 카페 수익에서 배달을 하게 되면 추가적인 부수익이 생기는 거지.

단순히 배달을 해서 그 주문에 대한 매출만 생긴다고 생각한다면 큰 오산이야. 배달을 통해 만족한 고객들이 음료를 재구매할 기회가 생기는 거야. 신규 카페의 경우 배달 앱에서의 매장 브랜드 노출을 통해 그 카페의 존재조차 모르던 손님들이 카페의 존재를 알게 되는 거지. 이것은 오프라인 매장의 방문으로도 이어질 수 있어.

물론 배달을 했을 때 고객을 만족시키는 게 최우선이야. 고객 만족이 실현되었을 때 비로소 재구매와 매장 방문까지 이어지는 추가 매출의 새로운 경로가 된다는 말씀.

마지막으로 매장을 효율적으로 운영하기 위한 하나의 방법이 될 수 있어. 우선 배달 전문 매장을 하게 되면 기본적인 운영비가 절감돼. 또 기존에 운영을 하고 있는 매장이라면 이미 있던 인력에 배달을 추가해 별도의 추가 고용없이 배달을 할 수 있어. 그리고 매장 매출이 거의 없는 시간에도 배달은 언제든지 가능하기 때문에 유휴시간이나 유휴인력의 활용이 가능해.

보통 장사가 안되는 시간에도 어쨌든 필요한 최소한의 운영인력이 있어. 이럴 때 대부분은 재료 손질이나 청소를 하면서 시간을 보내지.

하지만 매장에 손님이 없는 시간대라도 미팅 등에 필요한 배달 주문도 다소 있기 때문에 유휴시간에 운영이 가능해. 그래서 지속적으로 들어가는 고정비에 비해 효율적인 운영이 가능하다는 거야.

배달은 그대의 생각보다 장점이 많아. 물론 이 장점 뒤에 숨겨진 유의사항들도 많지. 제대로 공부하지 않고 단순히 배달의 장점만 보고 시작했다가 막상 힘만 들고 남는 건 없는 상황이 되는 걸 많이 봤어. 왜 배달을 꼼꼼히 공부해야 하는지 이제부터 자세히 설명해줄게.

배달 방식 및 앱의 종류

소비자 입장에서는 배달 앱에서 주문하면 주문한 제품을 받고 끝이야. 그 과정에서 누가 배달하고 누가 주문받는지는 중요하지 않아. 아니 알고 싶지도 않을걸. 하지만 그대가 카페를 시작하게 되면 이 시스템을 정확하게 이해해야 제대로 된 배달 장사를 할 수 있어.

배달 앱마다 주문과 배송 시스템이 다르기 때문에 각 앱의 장단점과 시스템을 먼저 파악하고 자신의 상권과 상황에 맞게 선택해야 해. 그래서 배달 앱 시장에서 가장 선두에 있는 몇몇 업체를 예로 들어 시스템의 특징과 유의 사항을 설명하고자 해. 아마 그대가 생각했던 것보다 훨씬 복잡하고 어려울 거야. 그러니 꼭 몇 번씩 정독하는 걸 권할게.

1. 전통적인 직접 배달

배달 앱을 사용하지 않고 매장으로 직접 전화를 걸어서 주문을 받은 뒤 매장 직원 혹은 사장님이 직접 고객에게 배달을 하는 방식이야. 매우 전통적이지. 보통 오피스 상권에서 오래 카페를 했던 사장님들이 고수하는 방식인데 수수료라든가 광고비가 따로 나가지 않아서 판매하는 족족 수익으로 남는 구조야. 다만 직접 배달을 해야 하기 때문에 배달을 하는 동안 매장을 운영하는 직원이 필요해. 그래서 배달이 없더라도 추가되는 직원의 급여가 나간다는 단점이 있어. 하지만 배달 주문이 특정 시간에 많다든가 혹은 전체적인 배달 수익이 직원의 인건비보다 크게 상회할 때는 이 방법이 훨씬 좋을 수가 있지. 여기에는 꼭 명심해야 할 전제 조건이 있어. 스스로 고객들에게 배달을 홍보할 방법이 있어야 한다는 거야. 결국 발로 뛰어다니면서 배달 전단지를 뿌려야 가능한 방식이야.

2. 주문 따로 배달 따로

배달의 민족, 요기요, 위메프오 등은 다 들어봤지? 이것들은 모두 국내 소비자들이 가장 많이 사용하고 있는 배달 앱들이야.

그런데 이 배달 앱들이 소비자들의 주문을 받는 곳과 배달을 대행해주는 곳이 다르다는 점을 알고 있는 이는 드물어. 소비자일 때는 주문만 하다가 카페를 시작하면서 배달을 준비하는 입장이 되니까 그제서야 배달 주문을 접수받는 곳과 배달을 해주는 곳이 각각 다른 곳이라는 알게 되는 거지. 직접 해보지 않으니 당연히 이런 시스템을 모를 수밖에.

배달 과정을 좀 더 자세하게 설명해줄게. 소비자가 배민 앱을 통해 주문을 하면 매장에서는 주문 접수를 받고 메뉴를 제조해. 그리고 배달을 하지. 이때 카페 사장님 혹은 직원이 직접 배달하는 방식과 배달 대행 업체에 연락해 배달 기사를 배정받고 배달 기사가 음료를 고객에서 배달하는 방식, 두 가지가 있어.

최근에는 매장에서 직접 배달하는 것이 부담스러워서 배달 대행 업체를 많이 쓰는데 이때 수수료가 좀 더 낮거나 배달 접수를 빨리 받는 곳을 대행 업체로 선정하곤 하지. 이런 배달 대행 업체에는 부릉, 바로고, 생각대로 등의 비교적 규모가 큰 업체들을 비롯해 각 지역별로 중소 규모의 업체들이 있어.

배달 대행 업체들은 주문 건당 대략 3천 원에서 1만 원 이상의 수수료를 받아 가. 또 주문을 접수하는 배달 앱에서 상품별로 중계 수수료도 떼어 가. 생각보다 수수료가 높다 보니 배달 주문 접수만 앱을 활용하고 배달은 직접 하면서 배달 대행 수수료를 아끼는 사람도 많아.

하지만 이 방법도 결국엔 추가 인건비가 들어. 매장에서 일하는 누군가 배달을 나갔을 때 매장을 운영하는 직원을 고용해야 하기 때문이야. 그래서 배달 수수료와 인건비 계산을 꼼꼼하게 해야 해.

3. 주문과 배달을 동시에

배달 앱들 내에서도 제공하는 별도의 배달 서비스도 있어. 배민 앱 내의 배민 라이더스, 요기요 앱 내의 요기요 익스프레스와 같은 서비스들과 쿠팡이츠와 같은 배달 앱 서비스는 주문접수도 하고 배달까지 대행해줘. 이 앱 회사와 계약된 배달기사들이 오는 거지. 즉, 배달 대행업체를 선정할 필요가 없이 간편하게 주문을 받고 배달기사가 오면 완성된 음료를 제공하면 끝이야.

사용 편의성이 좋은 데다가 각 배달 앱들마다 이 서비스에 대해 크게 홍보를 하고 있기 때문에 이 서비스를 사용하는 사람들이 점점 더 증가하고 있는 추세야. 하지만 장점이 있으면 단점이 있기 마련이잖아.

그 단점은 바로 중계 수수료가 높다는 거야. 중계 수수료의 경우

앱마다 요율이 다 다르지만 보통 주문만 받는 곳은 최소 2%대에서 최고 10% 초반대까지로 구성되어 있어. 주문과 배달을 동시에 진행하는 앱 서비스들은 대체로 최소 10%대 초반부터 시작해서 보통 10%대 중반까지 다소 높은 편이야. 물론 이 수수료 정책들이 일률적이지는 않아. 주기적으로 수수료 정책이 변하기 때문에 이 수수료 정책들을 항상 꼼꼼하게 체크해야 해.

배달 서비스 수수료 구조

배달 서비스를 찬찬히 뜯어보면 생각보다 복잡한 셈법이 숨어 있어. 배달 시장이 계속 커져가다 보니 배달에 관심 없던 이들도 너도 나도 배달 시장에 뛰어 들었고, 배달 앱 내에서의 경쟁도 치열해졌지. 그러다 보니 매장을 앱 상단에 노출시켜 소비자들 눈에 더 잘 띄게 하기 위해 광고비를 지출하기도 해. 또 배달 비용을 소비자들에게 덜 부담시키고 할인까지 해서라도 소비자들의 선택을 받으려고 해. 오프라인에서 벌어지는 가격 할인이라든가 다양한 마케팅 전략들이 이 배달 앱 서비스에서도 똑같이 벌어지고 있는 거야.

단지 좀 다른 건 배달 서비스는 모든 것에 다 비용이 들어간다는 거야. 그저 매출만 많다고 좋아할 수 없는 거지. 매출을 발생시키기 위해 들어가는 비용이 더 많으면 결국 밑지고 장사하는 거 아니겠어? 최악의 선택을 하게 되는 거지. 그래서 배달 서비스의 수수료 구조를 잘 이해하고 손익분기점을 잘 찾아내야 해. 그래야 배달 시장에서도 살아남을 수 있어. 더 나아가 성공할 수 있는 발판이 될 수 있어. 그럼 이 배달 앱 서비스 내에서 사용하는 수수료에는 어떤 것들이 있는지 알아보도록 하자고.

- **중계 수수료** | 말 그대로 배달을 중계해주는 수수료로서 주문이 발생할 시 주문 건당 수수료가 부가된다.
- **외부결제 수수료** | 결제 시스템을 이용하는 수수료(카카오페이, 네이버페이, 신용카드 등을 이용할 때 발생하는 카드 수수료라고 생각하면 간단하다).
- **배달팁** | 소비자에게 부담시키는 배달요금으로 업주가 금액을 정할 수 있다. 소비자들은 배달요금이 적은 곳을 많이 선택하기 때문에 얼마나 할인해줄 것인가를 잘 고민해야 한다.
- **할인** | 용어 그대로 가격 할인이다. 금액으로 할인하기도 하고 몇 퍼센트 할인이라는 정책을 적용할 수도 있다.
- **광고상품** | 배민의 울트라콜, 요기요의 우리동네플러스 등 다양한 명칭으로 불리고 있으며 월 몇만 원 정도의 비용이 정기적으로 결제된다. 중계 수수료와의 차이는 주문이 발생하든 발생하지 않든 무조건 결제된다는 점이다. 그래서 일반적으로 주문

건수가 많은 곳에서는 이 광고 상품을 이용하는 것이 유리하고 주문 건수가 많지 않은 곳은 광고 상품보다는 주문 건당 발생하는 중계 수수료 상품을 이용하는 것이 좋다.

이제 각 앱의 수수료를 구체적으로 알아볼 거야. 다만 배달 앱 수수료는 수시로 변경될 수 있기에 자주 체크해야 한다는 점 잊지 마.

배달의 민족

광고	수수료	비고
울트라콜(깃발)	월 80,000원 카페 3km 반경	기본 상품 위치기반으로 가까운 순서대로
1인분	주문금액의 6.8%	업주당 1개 신청 가능 최소 주문 금액 ≤ 단일 메뉴 가격 ≤ 12,000원
오픈리스트	주문금액의 6.8%	최상단 3개 랜덤 노출 구좌 카테고리당 1개 신청 가능 3km 이내 고객만 노출
배민오더	2020년 광고비 없음	
배달팁	0원~5,000원	고객에게 받는 돈으로 실제로는 배달요금으로서 업주가 금액을 정할 수 있음 주문 금액별로 최대 3까지 설정 가능
외부결제 수수료	3%	업장마다 다를 수 있음 연매출 3억 이하 영세사업자는 1.98%

요기요

광고	수수료	비고
기본	12.50%	기본 상품 위치기반 가까운 순서대로
우리동네플러스	입찰광고	업주당 1개 신청 가능 최소 주문 금액 ≤ 단일 메뉴 가격 ≤ 12,000원
슈퍼레드위크	1,000원~5,000원	대부분 프랜차이즈에서 진행 본사 또는 점주가 협의하에 부담
할인	5%~50% 할인	사장님 부담으로 요일별, 시간별 할인 설정 가능
배달요금	0원~5,000원	고객에게 받는 돈으로 실제로는 배달요금으로 업주가 금액을 정할 수 있음 주문 금액별로 최대 3개까지 설정 가능
1만원 이하 중계 수수료	0원	외부결제 수수료는 발생
외부결제 수수료	3%	업장마다 다를 수 있음 연매출 3억 이하 영세사업자는 1.98%

위메프오

광고	수수료	비고
기본 수수료 택 1	결제 발생 시 5%	결제가 되었을 때만 발생
	1주당 8,000원 (별도수수료 0원)	주문이 발생하지 않을 시 부과되지 않음 주당 거래액이 3만 원 이하일 경우도 부과되지 않음
티켓	할인율 5% 이상 시 수수료 0원	티켓 구매 후 오프라인 매장에서 이용 가능 티켓 카테고리에 노출 가능
할인(쿠폰)	1,000원~10,000원	사장님이 부담하는 쿠폰, 3개까지 등록 가능

배달요금	0원~5,000원	고객에게 받는 돈으로 실제로는 배달요금으로 업주가 금액을 정할 수 있음
외부결제 수수료	3%	업장마다 다를 수 있음 연매출 3억 이하 영세사업자는 1.98%

배민 라이더스

광고	수수료	비고
A형	11% + 1,000원	거래금액의 11% + 배달 건당 1,000원 발생
B형	15%	거래금액의 15%
B형-1000	15% + 1,000원	배달 건당 1,000원 사장님 부담 배달팁 고정할인
B형-2000	15% + 2,000원	배달 건당 2,000원 사장님 부담 배달팁 고정할인
B형-2900	15% + 2,900원	배달 건당 2,900원 사장님 부담 배달팁 고정할인
배달팁	0~2,900원	거리에 따른 자동으로 할증이 붙음
할인(쿠폰)	1,000원~10,000원	사장님이 부담하는 쿠폰, 3개까지 등록 가능
외부결제 수수료	없음	

노출 순위: 배달팁 적은순 〉 거리 / 무료로 1회 메뉴사진 촬영

쿠팡이츠

광고	수수료	비고
기본 (프로모션 3개월)	중계 수수료: 1000원	
	배달 요금: 5,000원	
기본	중계 수수료: 15%	
	배달 요금: 6,000원	
	외부결제 수수료(카드 등) 3%	업장마다 다를 수 있음 연매출 3억 이하 영세사업자는 1.98%
배달 요금	0원~6,000원	4km까지 배달 가능 단, 3km가 넘어가면 고객에게 3,000원 추가 고객이 부담하는 배달비의 부가세는 사장님이 부담
쿠폰	1,000원~2,000원	신규 입점 시 쿠팡부담으로 제공
치타뱃지	Level 1~3	상위 노출 가능(별점, 조리시간, 주문수락률)

노출 순위: 별점, 거리 주문수락률 조리정확도 등 / 무료로 1회 메뉴사진 촬영

요기요 익스프레스

광고	수수료	비고
기본	7% + 1,000원	
단말기 대여(필수)	월 5,000원	용지 개별 구매
외부결제 수수료	3%	업장마다 다를 수 있음. 연매출 3억 이하 영세사업자는 1.98%

노출 순위: 거리, 재주문율 등 / 사진촬영 없음 / AI 자동 배차

배달 시 유의점

배달 시장이 이렇게 녹록하지 않아. 시장이 커졌다고 내 매출도 같이 커져가는 건 아니야. 그냥 동네 카페 장사를 배달 시장으로 옮겨온 거라 생각하면 이해가 쉬울 거야. 치열하게 경쟁하는 건 오프라인이나 온라인이나 똑같다는 말이야. 이 경쟁 속에서 내가 어떤 노하우와 운영 철학으로 맞서 나갈지 고민해봐야 해. 그저 단순히 배달 앱에다 내 상품을 띄워 놓고 아무 것도 안 하고 주문 오기만을 기다리는 거랑 카페 차려 놓고 손님 오기만을 기다리는 거랑 다를 게 뭐가 있겠어? 고객들이 주문할 만한 가격대를 설정하고 디저트와 음료를 적절히 조합해서 끌릴 만한 제품군을 만들고, 적절한 할인가를 설정해서 고객들을 유입해야 하는 건 당연한 얘기야.

그리고 음료는 팔았다고 해서 끝이 아니야. 온라인 마케팅에서 가장 중요한 고객들의 리뷰를 어떻게 관리할 것인가에 대해서도 고민해봐야 해. 특히 리뷰는 고객들의 경험이 고스란히 사진이나 글로 표현되기 때문에 좋은 리뷰를 얻어야 리뷰를 보고 구매를 결정하는 잠재 고객들의 마음을 잡을 수 있어. 그래서 어떤 카페들은 손편지를 쓴다든가 상품 설명에는 없는 조그만 서비스 메뉴를 함께 보내는 등의 작은 감동 서비스를 제공해. 그렇게 해서 고객들의 좋은 리뷰를 끌어내기 위해서지. 하지만 좋은 리뷰가 수없이 많다고 해도 악플이 단 몇 개라도 달리면 매장 운영이 어려운 지경에 빠질 수도 있어. 그만큼 고객 리뷰 관리는 중요한 거야.

마지막으로 가장 중요한 부분은 수익률 계산이야. 수익률을 고려하고 비용과 수익 사이에서 손익분기를 어떻게 넘길 것인지까지 고민해야 해. 이 손익분기 계산을 잘 하려면 앞에서 설명한 모든 비용과 수수료 구조에 대해 명확하게 이해하고 있어야 하지. 그냥 주문이 많다고 매출이 올라갔다고 좋아할 게 아니라 내 통장에 돈이 쌓이는지가 중요한 거 아니겠어? 그래서 배달도 입시처럼 공부해야 제대로 성공할 수 있다는 걸 명심하라고. 배달 앱에 대해 손익구조를 계산하는 표와 수수료 종류에 대해 정리해 둔 표를 올려둘 테니 반드시 이해할 수 있길 바라. 이때 실제 재료원가는 본인 매장에 맞게 정확하게 계산해야 한다는 점 주의해.

배민 오픈서비스

항목	금액	설명
음료 및 세트메뉴	12,000원	
배달팁	2,000원	손님한테 받는 배달팁
재료원가(음료 + 포장비)	4,800원	재료원가는 대략 40% 예상
배달비	4,000원	배달 기사에게 주는 배달비
배민 오픈서비스 중계이용료	898원	음료값의 7.48%(부가세 포함)

외부결제 수수료	277원	음료값 + 배달팁의 1.98%(부가세 포함)
할인쿠폰	1,000원	할인쿠폰 천 원 준다고 가정
순이익	3,025원	음료값+배달팁에서 비용들을 뺀 금액
이익율	25.21%	

배민 울트라콜

항목	금액	설명
음료 및 세트메뉴	12,000원	
배달팁	2,000원	손님한테 받는 배달팁
재료원가(음료 + 포장비)	4,800원	재료원가는 대략 40% 예상
배달비	4,000원	배달기사에게 주는 배달비
외부결제 수수료	277원	음료값+배달팁의 1.98%(부가세 포함)
할인쿠폰	1,000원	할인쿠폰 1천 원 준다고 가정
순이익	3,923원	음료값+배달팁에서 비용들을 뺀 금액
이익율	32.69%	
배민 울트라콜 광고료	88,000원	음료값의 7.48%(부가세 포함)
손익분기 판매수량	22원	광고료에서 순이익을 나눈 값

CHAPTER
3

다시 가고 싶은
카페로 만들어라

100인 100색 접객 노하우

뻔하지 않은 Fun(펀)한 카페 만드는 방법

　카페 유니온에 가입하는 카페들은 대부분 우리가 진행하는 세미나에서 좋은 정보를 얻었다며 앞으로도 계속 도움을 받고 싶다거나, 운영에 어려움을 겪고 있는데 조언을 구하고 싶다며 신청을 하는 경우가 많아. 숭실대 근처에 있는 '커피공화국'이란 카페는 단골 손님이 좋은 모임이 있으니 가입해보라고 권했다며 카페 유니온 가입 신청서를 보내왔어.

　이를 계기로 커피공화국을 찾게 됐는데, 카페 입구부터 독특했어. 매장 출입문 옆에 '커피공화국 헌법'이라는 문구와 카페 철칙이 대문짝만 하게 붙어 있었거든. 카페의 아이덴티티(정체성)를 정확히 표현하면서도 손님들에게 재미를 주는 글이었어.

그 내용을 대강 소개하자면, 커피에 대한 가치와 태도에 대해 몇 몇 항목으로 나누어 설명하고, 끝으로 이 모든 항목보다 '통아저씨'로 불리는 카페 주인의 말이 더 우선한다고 하더군.

흥미를 끄는 즐거움

이런 재치 있는 문구들은 카페를 찾는 손님이라면 카페의 사장이 누구인지, 이 카페에서는 어떤 커피를 파는지 궁금증을 일으키게 마련이야. 매장에 들어서기 전부터 생긴 흥미와 유쾌함을 매장 안에서도 똑같이 찾을 수 있다면, 그 카페는 두 번이고 세 번이고 다시 찾고 싶은 곳이 되는 거지. 엄청나게 카페를 돌아다닌 나조차도 사장이 어떤 사람인지 빨리 만나고 싶던걸. 실제로 만나 보니 그곳 사장은 엉뚱한 면이 다분하더라고.

그리고 커피공화국 입구에는 이런 문구도 쓰여 있었어.

"저희 매장은 공정하지 않은 불공정 커피를 판매합니다."

커피 시장이 갈수록 커져감에 따라 커피의 풍미에 관심을 보이는 사람들이 늘면서 커피 원두 생산지에 대한 관심이 증폭된 적이 있어. 커피나무가 열대 기후에서 자라기 때문에 커피 원두는 대체로 적도 주변의 개발도상국에서 생산되지. 그런데 커피 생산 노동자의 대부분이 어린아이들이었어.

커피 원두를 수입해 상품을 생산해서 많은 수익을 거둬들이는 선진국의 많은 기업들은 이들에게 제대로 된 임금을 지불하지 않았지. 전체 커피 생산 이윤에서 커피 생산 노동자가 거둬들이는 수익은 고작 0.5%뿐. 커피나무를 키워 커피 열매를 따서 커피 원두를 생산하는 사람은 가난하지만, 이를 통해 배를 불리는 사람은 따로 있다는 점에서 한때 국제적으로 이슈가 되었어.

1990년대부터는 다양한 상품을 생산하는 데 공정한 가격을 지불하도록 하기 위해 '공정무역' 제도가 실시되고 있어. 국제적 사회운동으로 윤리적 사회소비운동의 일환이지.

물론 커피공화국이 불공정무역 커피를 판매한다는 말이 아니야. 이곳의 커피 맛은 다른 카페와는 차원이 다르다는 뜻에서 그렇게 표현한 거야. 조금은 시니컬한 말투가 연상되는 이 문구가 위트 넘치는 사장의 접객 방법인 거라고.

커피를 즐겨 마시는 사람들이라면 공정무역 커피에 대해 조금은 알 테고, 그 내용을 조금 비틀어 재치있게 그 카페의 특징을 나타낸 거야. 이런 의도를 알아챈 손님은 카페에 들어서기도 전에 조금이나마 카페나 주인과의 거리감을 한층 좁히게 되는 거지. 그만큼 편안한 마음으로 카페에 들어서게 되는 거야.

서비스 업종이라면 편안함과 즐거움을 빼놓고는 좋은 서비스를 했다고 할 수 없어. 그런 면에서 웃음은 최고의 접객 방법이야. 손님이 카페의 사장이나 직원과 한 마디도 나누지 않았는데도 메뉴판만 보고도 웃을 수 있는 접객, 사장이나 직원과의 짤막한 눈인사 그리고 메뉴를 주문하면서 이어지는 담소들. 이렇게 손님과 카페와의 거리감이 줄어들면 카페는 단골을 확보하게 되는 거지. 메뉴판이나 문 앞에 대수롭지 않은 듯 툭하니 걸쳐놓은 한 마디 문장이 백 마디 접객 멘트보다 훨씬 훌륭한 역할을 하는 거야.

손님의 궁금증을 유발시키는 메뉴

내가 예전 운영하던 매장 이야기를 해볼게. 지금은 워낙 흔해진 아이템이 됐지만 당시 나는 아이패드가 국내에서 출시되자마자 이를 메뉴판으로 활용했어. 사실 이 메뉴판을 실용적으로 만들 생각은 전혀 없었고, 국내 최초로 메뉴 앱을 만들어 이슈메이커가 됨과 동시에 손님과 대화를 할 수 있는 가교 역할을 하길 바랐어. 결과적으로는 대성공이었지. 이 아이패드 메뉴판으로 텔레비전 뉴스에 소개가 된 덕분에 홍보 효과를 톡톡히 봤어.

그런데 더 좋았던 것은 손님과 대화를 할 수 있다는 점이었어. 아이패드를 메뉴판으로 활용하는 다른 카페들도 있었지만, 겨우 이미지 파일을 저장해서 넘기는 방식이었지. 하지만 내가 만든 메뉴판은 터치만 하면 되는 간단한 방식에, 메뉴를 이리 옮기고 저리 옮길 수 있었고, 사진이 팝업창으로 올라오고 메뉴 설명도 재미있게 볼 수 있어서 매우 생동감 넘쳤어.

손님들은 이 메뉴판을 볼 때마다 "우와, 대박!"이라며 감탄을 금치 못했어. 그러면서 손님들은 내게 메뉴판에 대해 호기심 어린 표정으로 물었어.

"이거 어떻게 만드셨어요?"

"이거 직접 만드신 거예요?"

그러면 나는 과장된 표정을 짓거나 일부러 정색하며 대답하곤 했지.

"꽤 잘 만들었죠? 돈 주고 만들었어요."

"저 생긴 걸 보세요, 그거 만들 만큼 똑똑하게 생겼는지 말이죠."

이렇게 대화를 주고받는 사이 손님들은 내가 추천하는 메뉴를 주문하게 되지, 각 메뉴에 대해 설명해주면서 손님과 대화를 이어나가고, 신메뉴 또는 '오늘의 메뉴' 같은 매출에 도움이 되면서도 매장의 이미지를 확고하게 심어줄 수 있는 음료를 주문하도록 유도하는 거야.

또 손님과 주인과의 허물없는 대화는 다른 손님을 끌어모으는 보이지 않는 호객행위가 돼. 일단 우리 매장을 찾은 손님이 다른 사람을 데리고 오면서 이렇게 말하는 거야.

"이곳 메뉴판 독특하지? 아이패드로 만든 거야. 이곳 사장이 직접 돈 주고 만들었대!"

그 순간 새로 온 손님도 호기심을 내비치며 흥미를 보이게 되지. 이 손님이 다음에 또 다른 사람을 끌어오면서 하나둘 단골이 느는 거야. 이렇듯 손님의 흥미를 끄는 것들을 매개로 손님과의 거리를 좁히면서 그들을 단골로 만들고, 나날이 매출이 늘어가는 재미를 맛볼 수 있다고.

보통 새로 도입하는 메뉴가 있으면 POP나 작은 칠판 모양의 거치대에 손글씨로 메뉴와 가격을 적어놓지. 간단히 메뉴에 대한 설명을 더하기도 해. 봄에 딸기 주스를 판매할 경우, 입간판이나 POP에 음료를 그림으로 그리거나 간단히 글로 써서 홍보하지.

"상큼하고 달달한 제철 딸기 주스 4,000원"

"피부에도 좋고 몸에도 좋은 딸기 주스 4,000원"

예전에 한 카페에서 이런 문구를 본 적이 있어.

"사장님 딸기코는 이 딸기 주스 마시고 고쳤습니다. 효능이 끝내 줘요!"

시답잖은 아재개그일 수도 있지만 나는 그 문구를 보자마자 피식 웃음이 나더라고. 그곳을 그냥 지나칠 수가 없어서 딸기코에 효능이 좋다는(?) 딸기 주스를 한 잔 사 마시고 나왔어. 홍보 문구부터 남

달라서 그런지 입구에서부터 느껴지는 직원들의 에너지에 내 발걸음도 가벼워지는 것 같았지.

　지금 당장 그대의 매장에 놓인 메뉴판이 어떤지 한번 살펴봐. 어느 카페를 가든 흔해 빠진 것은 아닌지, 창업 초기에 만들어놓은 그대로인지 말이야. 무조건 메뉴판을 재미있게 또는 독특하게 만들어야 한다는 건 아니야. 다만 손님들을 즐겁게 하는 문구나 장치가 있다면 다른 매장보다 한발 앞설 수 있다는 거지. 손님들에게 그저 그런 카페로 기억되는 것보다는 '그곳에 가면 언제나 즐거워'라는 생각을 들게 한다면, 한 번 오고 말 것을 두 번 세 번 오게 만드는 원동력이 될 수 있잖아. 뻔한 것보다는 '펀(Fun)'해야 손님들의 기억 속에 남는다는 것을 기억해두라고.

나에게 사소하지만
상대에게 감동을 주는 것

중미 지역의 몇몇 커피 농장을 방문하기 위해 파나마로 가던 중에 이틀 정도 여유가 있어서 LA에서 카페 투어를 한 적이 있어. 마침 SCAA(미국 스페셜티 커피 협회)에 참석 중이던 지인이 묵고 있는 호텔에서 함께 하기 위해 따로 예약을 하지 않았지. 운이 따르지 않았는지 그 호텔에는 빈 방이 남아 있지 않았어. 낯선 곳인 데다가 인터넷도 사용할 수 없었던 터라 무작정 거리로 나가 방을 구해야 하는 난감한 상황이었어.

그런데 빈 방이 없어서 미안하다던 카운터 직원이 한쪽 구석에서 무언가를 뒤적거리더니 보물을 발견한 사람처럼 작은 팸플릿을 내게 보여주는 거야. 그 팸플릿은 LA 롱비치 지역의 인근 호텔 정보에 대한 것이었어.

그 직원은 그중에서 한 곳을 추천하더니 팸플릿에 있는 지도에 볼펜으로 표시해가며 가는 방법을 알려주었어. 객지에서 잠잘 곳을 찾기 위해 발품을 팔아야 할 뻔했던 순간에 나를 구해준 그 직원이 어찌나 고맙던지. 그 이후로 해외여행을 갈 때는 세계적으로 체인을 둔 그 호텔을 이용하기로 마음먹었어. 손님을 위해 다른 호텔을 추천해주고 가는 길까지 상세히 설명해주는데, 그 직원의 자기 호텔에 대한 열정은 얼마나 대단할까 생각하니 비용과 상관없이 그 호텔을 이용해야겠다는 생각이 들더라고.

손님에 대한 서비스는 바로 이런 게 아닐까? 지금 당장은 아니지만, 그대가 베푼 소소한 친절에 언젠가 단골이 되는 것 말이야.

내가 고객이라면

나도 비슷한 일을 경험한 적이 있어. 무척 더웠던 어느 해 여름, 처음 우리 매장을 찾은 듯한 여성 두 명이 메뉴판을 보면서 무엇을 주문할까 고민하다가 이런 말을 하는 거야.

"이 동네는 맛있는 게 별로 없어. 어디로 가지?"

커피 주문보다는 저녁 식사 메뉴를 고르는 게 더 고민인 듯 그녀들은 자리에 앉지도 않고 카운터 앞에서 수다 삼매경에 빠졌어. 그때 내가 슬며시 끼어들었지.

"이런 더위에는 물냉면에 비빔냉면까지 섭렵해야 잘 먹었다고 할 수 있지 않겠어요? 맛있는 냉면집 알려드릴까요?"

그 손님들은 얼른 알려달라며 신이 났지. 그래서 냉면집을 알려주고 식사 전에 깔끔한 입맛을 유지할 수 있도록 산뜻한 에티오피아 시다모를 추천했어. 그들은 늘 E프랜차이즈 카페에서 아메리카노를 즐겨 마셨는데, 내가 추천한 커피를 마시고는 색다른 맛에 빠졌어. 내가 그녀들에게 커피의 신세계를 보여준 셈이지.

손님들의 이야기를 흘려듣지 않고 친절하게 도움을 주거나 들어주기만 해도 그대의 카페는 그들에게 더할 나위 없이 즐겁고 기분 좋은 카페로 재탄생하는 거야.

며칠 후 10여 명의 손님들이 우르르 들어왔어. 모두 여자였지. 알고 보니 이전에 방문한 손님들은 이 지역에 소재한 학교를 다니는 학생의 친구였는데, 그날 친구를 만나기 위해 이 근처에 왔다가 잠시 시간을 보내기 위해 우리 매장에 들른 거였어. 이들 단체 손님은 그녀들의 추천으로 우리 매장을 찾은 거였어. 학과 모임을 하는 중에 차 한 잔 하면서 회의할 곳을 찾다가 친구가 해준 말이 생각나서 왔다는 거야.

그 손님들이 얼마나 우리 매장에 대한 칭찬을 했는지, "너희가 그 카페 직원이냐?"라며 핀잔을 줬다지 뭐야. 맛집 하나 추천해주고 10명의 단골이 생겼으니 손님 접객은 사소하게 여길 게 아님을 몸소 깨달은 날이었어.

사소한 말 한마디

카페에서 자주 일어나지만 대수롭지 않게 여기는 일 중에 하나가 무엇일까? 그것은 손님들이 실수로 음료를 쏟는 일일 거야. 그대는 어떻게 대처해? 보통은 테이블을 닦고 손님들 옷에 튄 커피를 닦을 수 있도록 냅킨이나 마른 수건을 주지. 그러고는 손님이 뜨거운 커피에 화상을 입지는 않았는지 친절하게 물어보지.

여기서 좀 더 손님들의 마음을 사려면 그들이 커피를 얼마나 쏟았든지 간에 새로 커피를 만들어주는 거야. 그러면서 이렇게 말을 하는 거야.

"못 마신 게 아깝네요. 새 커피 드세요. 이번에는 바닥 말고 입에 쏟으세요."

간혹 매장 운영이 어렵다 보니 손님이 커피를 엎지르면 새로 음료를 내줄까 말까 고민하는 경우가 있는데, 이때는 앞뒤 가리지 말고 새 음료를 내주는 게 좋아. 손님 입장에서는 몇천 원이나 하는 음료를 공짜로 마시는 행운을 얻은 것 같은 기분이 들 수 있거든. 게다가 자기 실수로 커피를 쏟은 터라 당황하기도 하고 아깝기도 할 텐데, 가게 주인이 기분 좋은 얼굴로 테이블을 깔끔하게 정리해주고 새로 커피도 가져다주면 제대로 대접받는 기분이 들지 않겠어? 카페 주인 입장에선 별것 아닌 것이 손님에게는 큰 서비스가 될 수 있어.

접객은 생각처럼 그리 어려운 일이 아니야. 손님이 그대의 매장에서 친구들과 수다를 떨든지, 커피의 맛을 즐기든지, 호젓한 시간을 보내든지, 공부를 하든지 간에 손님이 원하는 만큼 좋은 시간을 보낸다는 것이 중요해. 그 시간을 즐겁게 보내도록 우리는 접객을 잘해야 하지.

그 첫 단계가 음료를 주문받을 때 손님과 소소한 대화를 나누는 거야. 이를 통해 손님이 원하는 게 뭔지, 그대가 손님에게 해줄 수 있는 게 무엇인지 힌트를 얻을 수 있어. 유머 감각은커녕 눈치도 없어서 걱정이라고? 그래도 손님에게 한마디라도 말을 붙이려고 노력해야지. 정 힘들면 잘하는 사람을 보고 연습해.

사소한 말 한마디, 대수롭지 않은 행동 하나가 손님들을 단골로 만드는 좋은 서비스니까 말이야.

적을 알고 나를 알면 백전백승!

나는 쉬는 날이나 큰 일정이 없는 날에는 집 인근에 위치한 카페들을 찾아. 편안하게 다른 사람이 내려주는 커피를 마시면서 여유를 만끽하고 싶기도 하고, 배울 점을 찾아보고자 하는 목적도 있어. 새로 생긴 카페가 있다면 일부러라도 시간을 내서 염탐하는 고약한 취미도 생겼지.

편하지 않은 카페 vs. 편한 카페

한번은 버스를 타고 오다가 새로 생긴 카페를 발견했어. 카페의 외관만 봐도 매장 인테리어에 신경을 쓴 흔적이 다분했지. 저곳의 커피 맛은 어떨까, 매장 분위기는 어떨까 궁금해지기 시작했어. 마침 시간도 여유롭고 해서 서둘러 버스에서 내려 그 카페로 향했지.

대개 새로 생긴 카페에는 '시작', '처음'이라는 분위기가 주는 열정적인 에너지가 넘치는데, 그곳에는 도통 그런 느낌이 없는 거야. 손님이 문을 열고 들어서면 직원들이 활기차게 "안녕하세요?", "어서오세요!"라는 인사라도 해야 하는데, 어찌 된 일인지 손님이 들어오는데 쳐다보고만 있는 거야. 거참, 손님으로 들어가면서 쭈뼛쭈뼛 들어가기는 처음이었어.

더구나 주문 시스템은 카운터에서 음료를 주문하고 잠시 기다렸다가 직접 받아가는 식이었어. 그런데 주문할 때조차 손님인 내가 입을 열 때까지 바라보고만 있는 거야. 매장에는 손님이 거의 없어서 조용한 가운데 어찌나 민망하던지.

결국 내가 먼저 무거운 안개가 깔린 듯한 분위기를 깼어.

"카페 오픈한 지 얼마나 됐어요?"

"3주 정도 됐어요."

이거야 원, 대답도 시큰둥하네.

카운터 직원이 사장인지는 모르겠으나 이런 식으로 손님을 맞이하다니 영 글렀다는 생각이 들더라고. 처음 방문한 카페의 첫 인상이 이러한데 누가 다시 그곳을 찾고 싶을까? 아무리 분위기가 좋고 음료의 맛이 뛰어나면 뭐해, 전혀 편하지 않은데. 손님인 내가 괜히 무안할 정도라면 어느 누구도 다시는 찾지 않을 것 같았어.

반면에 그곳에서 30m 떨어진 카페에서는 매장 문을 열고 들어서니 음료를 만들고 있는 직원을 제외한 전 직원이 하던 일을 멈추고 "어서 오세요, 반갑습니다."라고 힘차게 외치는 거야. 덩달아 나도 그 분위기에 휩쓸려 "예, 안녕하세요!"라고 대꾸를 하게 되더라고. 아침 출근길에 버스에 올랐는데 기사 아저씨가 승차하는 사람들에게 "안녕하세요, 좋은 아침입니다!"라며 인사할 때 그날은 하는 일마다 모두 잘 풀릴 것 같은 기분이 드는 것처럼, 카페 직원들이 반갑게 맞아주니까 왠지 이곳에 있으면 좋은 일만 생길 것 같았어.

카운터에 비치된 메뉴판을 보고 주문을 할 때는 직원이 내게 말을 걸었어.

"손님, 안경이 멋스러운데 어디서 사셨어요?"

"L백화점에서 샀어요."

"저도 그 안경을 끼면 손님처럼 잘 어울릴까요?"

"하하, 저만큼 소화하긴 힘들걸요."

나도 그의 말이 내 기분을 좋게 해주기 위한 것임을 알면서도 나도 모르게 농담을 하게 되더라. 나도 내 매장을 찾는 손님들에게 자주 써 먹는 방법이기는 해도, 손님 입장에서 겪어보니 그 기분을 잘 알겠더라고.

실패없는 펀 마케팅

요즘은 펀(Fun) 마케팅이 유행이야. 근 몇 년간 텔레비전 광고를 보면 위트와 유머가 담긴 광고가 큰 인기를 끌고 있어. 제품의 성격에 따라 다르겠지만, 부담 없고 친근한 캐릭터를 보여주는 개그맨들을 등장시켜 재미를 강조하는 게 대세라 할 수 있지.

펀 마케팅은 경기가 불황일 때 자주 등장하는데, 걱정 많고 웃을 일 없는 사람들에게 유머를 통해 기업의 이미지를 제고하고 사람들의 눈길을 사로잡기 위함이지. 실제로 불황일수록 소비자에게 즐거움을 줄 수 있는 유머 광고가 뜨는 경향이 있어.

요즘같이 불황이 지속되면 사람들은 꼭 필요한 데가 아니면 웬만해선 지출하려 하지 않아. 더군다나 음료는 마셔도 그만 안 마셔도 그만이기도 하고, 집이나 사무실에서 대신할 수도 있기 때문에 꼭 필요한 소비라고는 할 수 없어. 그렇기 때문에 기업은 소비자들에게 '재미와 즐거움'을 제공해 얼어붙은 소비 심리를 달래려 하지.

그러므로 손님이 큰맘 먹고 찾은 카페에서 즐거움을 찾지 못한다면, 굳이 음료를 사 마시기 위해 지갑을 열려고 하지 않을 거야. 하지만 경기 침체에 바쁜 일상과 스트레스까지 겹쳐 지친 사람들에게 웃음을 주고 맛 좋은 음료로 조금이나마 긴장을 풀게 해준다면, 그 손님은 몇 번이고 그대의 매장을 찾을 거야.

주머니가 두둑하고 하는 일마다 잘 풀리는 손님이라면 카페는 맛있는 음료를 제공하고 매장은 깔끔하며 직원들은 친절하기만 하면 돼. 손님 자신이 즐겁고 행복한데 남에게서 즐거움을 찾을 일이 뭐가 있겠어. 오히려 이런 손님은 그대에게 좋은 기운을 나눠줄 거야. 하지만 그렇지 않은 손님이라면? 자기에게 즐거움을 주는 카페로 가지 않겠어?

손님을 즐겁게 하는 방법은 그리 어렵지 않아. 여자 손님들은 외모나 차림새 등에 대한 가벼운 칭찬을 해주면 엄청 좋아해.

"목소리가 참 매력적이네요. 손님 목소리에 제 기분까지 좋아져서 팍팍 할인해드리고 싶네요."

"정말요? 그럼 할인해주세요!"

"지금 할인해드리면 내가 너무 가벼워 보이니까. 다음에 다시 오셔서 예쁜 목소리 들려주세요. 그때는 꼭 할인해드릴게요. 약속의 의미로 쿠폰에 제 사인 넣어 드릴게요. 웬만하면 이런 약속 잘 안 하는데 특별히 해드리는 거예요."

이 손님은 또 그대의 매장을 찾을까? 경험상 이런 경우는 10명 중 8명이 다시 매장을 찾아. 게다가 친구들과 함께 재방문하니 새 손님도 생기고 매출도 오르고.

이런 접객 멘트가 낯간지럽다고? 그렇게까지 해야 하냐고?

이런, 아직 배가 덜 고프군. 조금만 생각을 바꿔봐. 매출이 달라지는 걸 느낄 수 있을 거야.

매출 상승을 위해 지속적으로 새 손님을 들이기 위한 마케팅 방법에 골몰하기보다 기존 고객의 재방문 확률을 높이는 게 더 쉬워. 비용 면에서도 훨씬 효율적이지.

그리고 몇 번 해보면 나중에는 익숙해져서 그대가 진짜 장사꾼이 됐음을 알 수 있을걸. 갈수록 언어 구사력도 좋아지고, 손님의 표정만 보고도 기분까지 알아맞힐 정도로 사람을 대하는 데는 따라올 사람이 없을 거야.

카페의 문을 열고 들어오는 손님의 얼굴에 미소가 넘치게 만드는 카페가 돼야 해. 인테리어가 예쁜 카페보다 손님의 얼굴을 아름답게 만드는 카페 말이야. 더불어 오르는 카페의 매출에 그대의 얼굴은 함박웃음이 가득할 거야.

적반하장 손님도 얼마든지
감격하며 내보낼 수 있다

　대학교 앞 카페, 시험기간이라 공부하는 대학생들로 북적이는 시간에 10명의 손님이 들어와 테이블 몇 개를 차지하고 앉아. 그리고 아메리카노 2잔과 케이크 1개를 시켜놓고 포크는 인원수대로 달라고 하지. 이 손님들 뒤로 들어오던 단골은 자리가 없어 그냥 나가려고 해. 이때 그대는 어떻게 대처할 거야?

　손님 5명이 각기 다른 음료 5잔과 와플 하나를 주문했어. 단, 음료와 와플을 동시에 갖다 달래. 5분 후 손님 중 한 사람이 오더니 왜 이렇게 늦게 나오느냐고 화를 내. 와플은 주문받는 즉시 반죽하고 굽는 데 시간이 걸린다고 친절하게 설명했음에도 손님은 막무가내로 화를 내. 또 이때는 어떻게 할 거야?

무더운 여름, 한 커플이 들어와서 빙수를 시켰어. 한 30분쯤 지나 반 정도 먹은 빙수 그릇을 들고 와서는 빙수가 다 녹았으니 다시 만들어달라고 해서 어쩔 수 없이 그렇게 해줬어. 30분 후 이번에는 빙수에서 머리카락이 나왔다며 환불해달래. 자세히 보니 머리카락은 손님 것으로 보여서 환불은 안 된다고 하고 다시 빙수를 만들어줬어. 몇 분 후 이번에는 우유가 상한 것 같다며 또다시 환불을 요구해. 이런 손님은 어떻게 대처할 거야?

대학생으로 보이는 젊은 손님 4명이 1층에서 주문하고 2층으로 올라갔어. 잠시 후 2층에서 이상한 냄새가 나는 거야. 올라가보니 떡볶이와 순대를 먹고 있네. 외부음식은 반입금지라고 사방에 밝혀뒀음에도 음식을 사 들고 와서 먹고 있는 거야. 그래서 더는 음식을 먹지 말라고 했어. 얼마 후에 다시 냄새가 나서 올라가 보니 여전히 몰래 음식을 먹고 있어. 이럴 때는 또 어떻게 할 거야?

위의 사례는 가상의 상황이 아니야. 실제로 카페 사장들이 겪은 일들이야. '누가 더 꼴불견 손님인가?'라는 주제로 대화를 나눈 것 중에서 몇몇 상황만 간추린 거지. 그때는 이보다 더 황당한 일이 없다며 웃으며 이야기를 나누었지만, 당시에는 결코 웃을 수 없었던 사례들이지. 대화 끝에는 서로 경쟁이라도 하듯이 자기가 겪은 일이 더 황당하다며 목소리를 높였지만, 얼마나 답답하면 그런 손님을 '꼴불견'이라고 하겠어.

하지만 손님 입장에서는 불만을 표현할 수도 있고, 나름대로 이유가 있기 때문에 그들을 별난 손님 취급하며 웃고 넘길 수만은 없는 일이야. 세월이 흐르면서 시대가 바뀌어도 여전히 '손님은 왕'이잖아.

앞서 예로 든 몇몇 사례에서 알 수 있듯이 카페를 운영하다 보면 별별 손님을 다 만나. 하루에 접하는 손님이 적게는 몇십 명에서 많게는 몇천 명에 이르는데, 이렇게 많은 사람을 접하다 보면 예상치 못하게 당황스러운 일들이 벌어지곤 하지. 사람들이 한결같고 요구 사항도 다들 비슷하면 좋으련만, 어쩜 그리 다른지 여간 어려운 게 아니야.

황당 고객 대처법

10년 넘게 카페를 운영해온 사람들도 가끔 일반인의 상식으로는 이해가 되지 않는 손님의 불만에는 적잖이 당황하기 일쑤야. 대처할 수가 없어서가 아니라 한 번도 겪어보지 않아서 난감한 거지. 하지만 이런 경험들이 쌓이고 쌓이면 손님들의 어떠한 불만에도 재빨리 대처할 수 있어.

이제 앞서 예를 든 상황으로 돌아가 보자. 이럴 때는 어떻게 대처하면 좋을까? 사실 답이 없어. 상황에 따라 주인인 그대가 어느 쪽에 중심을 두느냐에 따라 대처법이 달라지기 때문이지. 나같이 손님은 왕이요, 어떤 불만이라도 모두 받아들이겠다는 사람은 무조건 친절하게 응대해. 그 손님이 나의 친절에 감동해서 다시 카페를 찾기를 기대하기 때문이야. 실제로도 내 대처에 만족하고 내 카페의 골수 단골이 된 경우가 적지 않아.

하지만 다시는 카페에 오지 않기를 바랄 정도로 골치 아픈 손님은 달리 대처해야 해. 손님에게 카페의 원칙과 운영 방침에 대해 명확하게 알리고, 말도 안 되는 불만이나 매장 내에서 금지된 행위에 대해 단호하게 밝혀야 하지. 어떠한 친절을 베풀어도 불만이 해결되지 않거나 말도 안 되는 행위를 반복하는 손님에게는 엄격하게 대하는 게 제일 좋은 방법이야.

이렇듯 각자의 생각과 상황에 따라 황당 손님에 대한 대처법은 달라. 어렵게 생각할 것도 없어. 이런 게 경험이니까. 다만 이런 사례들을 미리 접해보고 적절히 대응할 수 있도록 준비해두면 언제고 유용하게 활용할 수 있을 거야. 생각만 해도 아찔하다고? 걱정 마. 경험이 쌓이면 자연스럽게 응대할 수 있을 거야.

까다로운 손님이 원하는
맛있는 커피를 순간에 제조하는 법

카페를 운영하는 동안 고객의 유형에 대해 나름대로 정의를 내리게 됐어. 바로 20:80 법칙이 그것이지. 손님들 중 내 카페의 음료들이 맛있다고 생각해서 오는 사람은 전체의 20%, 나머지는 맛보다는 인테리어, 분위기, 서비스 같은 외적인 요소에 더 비중을 둔다고 본 거야.

그리고 맛이 좋아서 재방문하는 손님들 중 그들의 미각만으로 판단한 비중은 20%, 나머지는 매장에 풍기는 빵과 같은 사이드 메뉴의 냄새, 즐거운 분위기, 직원들과의 교감 등 외적인 부분 때문에 맛이 있다고 생각하는 사람들이 80% 정도 된다고 봤어.

실제로 우리나라의 커피 시장에서는 맛보다는 외적인 요소들이 손님들의 방문 요인으로 분석되고 있어.

손님을 만족시키는 커피의 맛

커피에 대해 오랫동안 공부한 사람들이나 커피를 좋아하는 마니아들은 어렵지 않게 커피의 맛을 평가하고 맛의 좋고 나쁨을 가늠하지. 하지만 세밀한 맛을 구분하지 못하는 사람들이 대부분이야. 다만 정말 맛이 없거나 매우 맛이 좋은 정도는 알아차릴 수 있지. 이 말은 무슨 말일까? 즉 음료의 맛이 두드러지게 좋은 매장이 아니면, 적당히 음료를 즐기는 이 80%의 손님을 어떻게 만족시키느냐가 관건이라는 거야.

예전에 커피의 맛이 이상하다며 불만을 제기한 손님이 있었어. 커플로 보이는 이들이었는데, 에티오피아 시다모라는 싱글 오리진 핸드 드립 커피를 주문하고선 맛이 이상하다는 거야. 그래서 맛이 어떻게 이상하냐고 물었더니 이렇게 대답하더군.

"어떻게 시다모에서 과일향 같기도 하고 꽃향기 같기도 한 냄새가 나죠? 시다모는 좀 더 다크하고 초콜릿향이 강한 커피 아닌가요? 이곳 커피가 맛있다고 해서 찾아왔는데 좀 그러네요."

핸드 드립 커피를 많이 마셔본 사람이라면 이 손님이 커피에 대한 경험이 거의 없다는 것을 알 수 있을 거야. 사실 나는 그 손님에게서 남자 특유의 허풍을 느꼈어. 커피에 대해 잘 아는 척해서 여자 친구 앞에서 잘 보이려는 과장된 말과 행동을.

그래서 커피에 대해 세세하게 설명하기보다는 남자의 어설프지만 한편으로는 귀여워 보이는 그 허세를 꺾고 싶지가 않아서 죄송하다고 하고 싱글 오리진 중 초콜릿과 캐러멜 맛이 강한 콜롬비아 커피를 내려줬어.

"역시 시다모 커피는 이래야지. 진짜 맛있네! 자기도 한번 마셔 봐. 어때 맛있지?"

남자 손님은 그제야 신이 나서 여자 친구 앞에서 커피 이야기를 미주알고주알 늘어놓더군. 그는 카페를 나서면서 정말 커피의 맛이 좋았다며 온갖 칭찬을 아끼지 않았어. 나중에 그 손님이 우리 카페에 다녀간 것을 자신의 블로그에 올려놓은 것을 봤지. 그 덕분에 홍보에 도움이 됐어. 이렇게 손님이 커피의 맛을 제대로 구분하지 못해도 손님의 기분을 맞춰주면 그대의 카페는 커피의 맛이 좋은 곳으로 인정을 받을 수 있어.

기본적으로 카페는 커피의 맛이 좋아야 해. 카페의 본질은 맛에 있지. 그러나 맛의 좋고 나쁨에 대해 손님들이 실제로 느끼는 수준은 20% 정도이고 나머지는 다른 부분으로 판단해. 그래서 카페들이 인테리어, 소품, 음악, 분위기, 베이커리와 같은 사이드 메뉴 등으로 손님들의 입맛을 사로잡으려 하는 거야.

본질의 가치를 더하는 카페 분위기

손님들이 문을 열고 들어오면서 제일 먼저 보는 게 카페 인테리어야. 매장마다 각기 고급스러움으로, 아기자기한 소품으로, 또는 약간 오래된 듯한 느낌의 원목 인테리어로 사람들의 눈을 사로잡지. 여기에 바리스타들의 멋스러운 스타일 등이 손님의 감각을 한층 만족시켜주고, 매장에서 제공하는 허니 브레드 같은 빵 굽는 냄새가 커피의 풍미를 더욱 짙게 해주는 거야.

특히 음악은 카페의 분위기를 더욱 고조시켜줘. 카페에서 음악과 함께 즐기는 커피 한 잔의 여유는 돈 몇천 원으로 누릴 수 있는 최고의 가치가 아닐까 싶어.

이때 손님들은 매장마다 인테리어가 다르듯이 커피 맛에도 자기만의 의미를 부여하곤 해. 그래서 같은 커피라 해도 집에서 마시는 것과 카페에서 마시는 것이 다른 거야. 카페에서 얻을 수 있는 분위기와 서비스의 가치가 또 다른 맛을 채워주기 때문이지.

반면에 카페의 주인은 자신의 매장이 커피 맛이 좋은 곳으로 이름났으면 싶지. 그러려면 나머지 80%에 해당하는 또 다른 맛의 잣대를 찾아내야 해. 대체로 로스터리 카페를 운영하는 사장들은 커피의 맛만 좋다면 손님들이 알아줄 거라고 착각하는데, 스페셜티 커피의 경우 아무리 잘 만든다 해도 그 맛을 제대로 느끼는 손님들은 얼마 되지 않아.

손님들이 직원들과 교감을 느낀다든가, 커피의 맛을 자부한다는 것을 보여주는 다양한 장비와 소품들을 잘 진열한다든가 하는 식으로 커피의 맛을 결정지어줄 다른 요소들에도 신경을 써야 해. 그러면 그대의 카페에 들른 손님들은 다른 곳보다 이곳의 커피 맛이 훨씬 좋다는 생각으로 커피를 마시게 되지. 커피에 대한 좋은 선입견을 심어주는 거야.

다시 말해 손님들은 입에 좋은 커피만을 원하는 게 아니라, 그 맛과 더불어 다른 외적인 서비스와 가치도 얻고 싶어 한다는 거야. 그러므로 20:80의 법칙을 명심하고 실질적인 맛 이외의 80%에 해당하는 외적인 요소를 서둘러 찾아내는 것이 중요해. 그렇게만 된다면 '그대의 카페=커피가 맛있는 집'으로 소문날 수 있는 지름길로 가는 거야.

매장 분위기는
사장에게서 비롯된다

행복 바이러스라는 말이 있어. 웃음이나 즐거움으로 사람들에게 행복의 기운이 전염되는 것 같은 느낌을 말하지. 나는 이 행복 바이러스라는 말을 무척 좋아해. 그래서 직원들에게 농담을 건네면서 하루를 시작하지. 그 농담이 웃기든 썰렁하든 자칫 피로에 눌려 지쳐 있을 직원들이 부담 없이 업무를 시작할 수 있고, 다시금 가뿐해진 기운은 다시 손님들에게 전해지기도 하거든. 빈말이라도 직원들에게 칭찬을 해주면 그들의 사기가 진작되어 매장은 활기로 가득해지지.

반면에 아침부터 매장 오픈 준비에만 매달려 간단히 안부 인사만 건네고 하루를 시작하는 매장에서는 직원들에게서 활기찬 모습을 기대하기 어렵지. 아무리 맛있는 커피와 음료를 손님들에게 제공한다 해도 직원들이 풍기는 편안함과 유쾌함이 없다면 손님들은 그 맛을 제대로 즐길 수 없을 거야. 앞서 말했듯이 커피의 맛은 실제로 느낄 수 있는 맛 이외에도 8할이나 되는 다른 요소들이 조화롭게 어우러져야 하기 때문이지.

카페의 분위기를 좌우하는 옷차림

또한 카페의 분위기를 달리할 수 있는 것 중 하나가 복장이야. 어떤 업종이든지 직원들의 복장에 신경을 쓰겠지만, 특히 카페는 더더욱 신중을 기해야 해. 직원들의 복장은 실내 인테리어와 전혀 다를 게 없을 정도로 카페의 분위기를 좌지우지하거든. 만일 실내 인테리어는 무척 세련되고 화려한데 직원들은 트레이닝복을 입고 있다면 어떨까? 직원들 마음대로 옷을 골라 입게 하면 어떨까? 아니면 정장으로 반듯하게 차려입고 주문을 받고 음료를 나른다면 손님은 어떻게 느낄까?

트레이닝복 차림은 마치 금방이라도 운동을 하고 땀을 흠뻑 흘린 듯하거나 방구석에서 이리 뒹굴 저리 뒹굴 하다가 나와서 어슬렁거리는 듯한 느낌을 줄 수 있어. 깔끔한 이미지의 카페에서 그런 옷차림을 한다면 얼마나 좋은 재료를 쓰고, 음료를 얼마나 청결한 장소에서 만드는지에 대해 손님들이 신뢰하기 어려울 거야. 이는 곧 카페 주인의 정직함이나 성실함에도 좋지 않은 영향을 줄 수 있어.

또 직원들이 자기 내키는 대로 옷을 입는다면, 누가 직원인지 손님인지도 구분이 되지 않을뿐더러 복장에 대한 청결성에도 의문이 남을 거야. 그렇다고 정장 차림으로 손님을 대한다면, 손님들은 호텔처럼 격식을 차려야 하는 고급 카페를 떠올리고 음료 값이 비쌀 것만 같은 생각에 부담스러워할 수도 있어.

내가 미국에 카페 투어를 갔을 때의 일이야. 미국의 건물은 대부분 천장이 매우 높아. 그래서 실내가 굉장히 넓어 보이지. 그런데 테이블과 의자는 몇 개 없고 사람들은 대부분 선 채로 커피를 마시고 있어. 자리에 앉아서 마시는 우리네 문화와는 다른 느낌에 처음엔 엄청 어색했지.

그런데 주문을 하려고 보니 바리스타의 복장이 정말 독특했어. 턱수염을 잔뜩 기른 작은 얼굴이 마치 갈색 수염을 한 산타클로스 같았지. 팔과 목에는 커피 잔, 커피를 마시고 있는 해골 등 커피와 관련된 문신이 잔뜩 새겨져 있었어.

아마 우리나라에서 봤다면 사뭇 거리감이 있었겠지만, 그의 모습은 매장 분위기와 묘하게 어울렸어. 바리스타들의 독특한 외모가 신경 쓴 듯 안 쓴 듯한 실내 인테리어, 자유분방하게 커피를 즐기는 사람들과 어우러져 멋스러운 분위기를 자아냈지. 나도 금세 그 분위기에 적응해 카페 안을 이리저리 기웃거리며 커피를 홀짝였어. 매장의 자유스러운 분위기가 내 내면에 자리한 한국인 특유의 유교적 강박관념을 내려놓고 하얀 피부 파란 눈의 현지인들과 자연스레 어울릴 수 있도록 한 거야.

또 다른 카페는 마치 제조 공장 같은 느낌을 주는 로스터리숍이었는데, 바리스타들이 깔끔한 와이셔츠에 멜빵을 한 캐주얼 정장 스타일로 입고 빗으로 머리를 곱게 빗어 2:8 가르마를 하고 손님을 맞이하고 있었어. 왠지 1900년대 초로 시간 여행을 떠난 것 같았지. 젠틀한 분위기 덕분인지 그 카페가 커피의 맛에 굉장히 충실하고 손님들에게 최선을 다한다는 느낌을 받았어.

이 두 카페는 인테리어가 비슷했지만, 복장이라는 요소 덕분에 전혀 다른 분위기를 느낄 수 있었어.

카페는 사장에게서 비롯된다

요즘엔 우리나라에서도 카페들이 다양한 시도를 하고 있어. 주기적으로 유니폼을 바꿔 입는다든지 날씨와 계절에 맞춰 옷 색깔이나 프린트 디자인을 달리해 손님들이 그 카페에 대해 항상 기대감을 갖도록 노력하지.

최근 세대의 바리스타들은 개성 넘친 타투라든가 의상을 시도하는 데 있어서 거리낌이 없어. 직원들의 복장 말고도 조명의 밝기를 조절한다든지, 매장 불빛의 색에 변화를 준다든지, 시간대별로 다양한 장르로 음악을 달리 한다든지 해서 얼마든지 매장 분위기를 새롭게 바꿀 수 있어.

손님은 카페의 문을 열고 들어오는 순간, 매장 분위기로 그 카페의 서비스와 음료의 맛을 기대하지. 그래서 직원들의 분위기, 태도, 복장, 인테리어의 느낌 등이 중요한 거야.

이는 카페의 주인인 사장에게서 비롯된다고 할 수 있어. 사장이 직원들의 분위기를 이끌어가고 그 분위기를 직원들이 잘 이어가는 것이 매장에 손님들의 발길이 끊이지 않는 비결이라 할 수 있지.

사장은 카페를 이끌어가는 훌륭한 리더가 돼야 해. 훌륭한 리더란 직원들의 의욕을 고취시키고, 운영에 도움이 되는 전략들을 적절하게 수행할 수 있어야 해. 이런 리더 밑에서 잘 훈련된 직원들과 매장의 균형 잡힌 분위기는 손님들이 편안하게 커피를 즐기고 계속해서 그대의 매장을 찾는 데 큰 영향을 준다는 사실을 명심해.

"카페의 분위기는 나에게서 시작해요.
손님이 편안하게 커피를 즐기고
찾아올 수 있게 카페를 이끌어주세요."

CHAPTER
4

살아남는 카페가
강한 것이다

번창과 확대를 위한 운영 노하우

카페 탐방은 창업 전에만
하는 게 아니다

카페를 창업하려는 사람들은 창업 전에 이리저리 발품을 팔며 소문난 카페를 찾아다니지. 벤치마킹할 만한 것은 없나, 운영을 잘하는 카페는 어디인가, 인테리어가 참신한 카페는 또 어디인가 등 카페를 시작할 때 무엇이 필요한지 찾아다니며 공부를 하는 거야. 개중에 적극적인 사람들은 몰래 사진 찍어오거나 메모하는 것뿐만 아니라 궁금한 것들은 직접 물어보기도 해.

나도 처음 카페를 시작할 때는 모델로 삼은 카페를 베끼다시피 했지. 카페에 은은한 분위기 내기 위해 몇몇 카페를 탐색해 조명 전구의 모양과 크기, 빛의 방향과 강도까지 따라 했어. 바의 모양, 크기, 높이, 장비 그리고 바에서 사용하는 시럽과 소스 등을 놓는 위치까지 모조리 적어왔다니까. 이뿐만 아니라 내가 다녀온 카페는 세세한 부분까지 그림으로 기록해 놓았어. 이를 바탕으로 내가 구상한 카페의 모습을 완성해 나갔지.

운영 부분에서도 당시 유행하던 마케팅 기법이나 손님 접객, 서비스 형태 등 필요한 모든 것을 다른 카페들을 찾아다니며 배웠어. 경험도 지식도 없는 내가 할 수 있는 최선의 방법은 발로 뛰는 것뿐이었거든.

트렌드를 알게 하는 카페 탐방

대중의 취향은 늘 변하기 때문에 새로 생기는 카페들은 최신 트렌드에 맞게 인테리어를 하고 메뉴도 흐름에 맞게 구성하지. 카페 업체에서도 소품 하나까지 신경을 쓸 정도야. 그래서 이렇게 다른 카페를 방문하면 사소한 것 하나라도 얻을 수 있어.

최근에는 더치 커피(콜드브루)의 판매가 엄청났어. 더치 커피는 뜨거운 물이 아닌 물로 오랜 시간 우려내는 커피야. 예전만 해도 그다지 인기가 없었는데, 한국야쿠르트(hy)에서 콜드브루라는 제품을 대대적으로 광고한 이후부터는 각 매장마다 매출 상승에 한몫하고 있어.

그런데 로스터리숍을 운영하는 분당의 M카페의 사장은 가게에서 더치 커피를 팔지 않았어. 로스터리의 특성상 다양한 원두를 취급하므로 더치 커피를 판매하면 그 맛의 다양성을 손님들에게 쉽게 알려줄 수 있는데도 더치 커피가 인기가 없을 것 같다면서 고개를 절래절래 젓더라고. 그래서 내가 다른 카페를 몇 군데 돌아보자고 제안했지.

M카페의 사장은 더치 커피의 엄청난 인기에 깜짝 놀랐어. 알고 보니 그는 자신의 매장 외에 다른 카페는 전혀 돌아볼 생각을 하지 않았던 거야. 사정이 이러하니 카페의 트렌드나 가장 인기가 좋은 메뉴가 무엇인지 전혀 감을 잡지 못할 수밖에.

매출 때문에 매일같이 울상을 짓던 그는 그제야 더치 커피에 관심을 갖고 더치 기구를 구입했어. 그런데 더치 기구를 구입할 때 어떤 것을 사야 할지, 판매할 때 어떤 유리병에 담아야 할지 몰라서 이전에 방문했던 카페를 찾아가 자문을 구했다는군. 이렇게 더치 커피를 판매하기 시작한 지 몇 달 만에 더치 기구를 한 대 더 구입해야겠다면서 저렴하게 구입할 수 있는 곳을 알려달라고 연락이 왔다니까.

지금 알고 있는 것이 최선은 아니다

언젠가는 대구와 부산 지역의 유명한 카페 몇 곳을 방문하기로 했어. 혼자 가기 적적해서 몇몇 카페의 사장들과 함께 가기로 했지. 그들은 나름대로 카페 운영을 잘한다고 자부하고 있었고, 그중 한 사람은 산전수전 다 겪은 베테랑이자 하루 매출만 해도 수백만 원에 이를 정도였어. 그런데도 얼마나 대단하기에 서울까지 소문이 났냐면서 자기들도 한 수 배워보겠다고 따라나선 거야.

결과적으로 그날의 방문은 꽤 성과가 있었어. 우리 모두는 왜 지방의 카페들이 그렇게나 유명한지 금방 알아챌 수 있었지. 우리가 시간을 내서 직접 찾아가보지 않았다면 절대 알 수 없었던 것이었어. 아무리 경험이 많고 성공가도를 달리고 있어도, 우리가 모르는 것, 우리가 하지 않았던 것들을 다른 카페에서는 시도하고 성공해내고 있었던 거야. 오로지 내 카페만 바라보고 안주하고 있었다면 절대 알아내지 못했을 것들을.

그대의 카페가 어느 정도 자리를 잡았다면, 다른 카페들의 운영 방법이나 노하우에 대해 관심을 가질 때가 됐어. 그대가 지금 알고 있는 것들은 최선이자 최고가 아니기 때문이지. 여전히 다른 카페에서 배울 점이 많다는 것을 기억하고 그대의 운영 방식이 최고라고 자만해서는 안 돼. 아직 배울 게 많다며 지방까지 내려가 카페 탐방을 하는 베테랑 카페 사장들도 그대의 경쟁자이니까 말이야.

그들을 따라잡는 게 어렵다고 근방의 몇몇 카페들만 견제한다고 해서 될 일이 아니야. 고객들은 쉽게 변해. 언제 새로운 것을 찾아 떠날지 모른다고. 당장의 상황에 만족해서 그대의 카페를 발전시키지 못하면 지금껏 공들여 쌓은 것들이 한순간에 물거품이 될 수도 있어.

다시 한번 말하지만, 카페가 번창할수록 지속적으로 카페 탐방을 해야 해. 경쟁자들에게서 좋은 것을 얻을 수 있을 뿐만 아니라, 잠시나마 느슨하게 풀어놓았던 그대의 열정을 다시금 팽팽하게 조일 수 있는 기회니까 말이야.

경영학 개론은
손자병법과도 같다

나는 어릴 때부터 책 읽는 걸 좋아했어. 지금도 틈만 나면 책을 집어 들지. 경제경영, 순수문학, 만화 등 저급한 내용만 아니면 장르를 가리지 않고 눈에 띄는 대로 읽어.

책은 내게 도움을 주는 고마운 존재이자, 내가 겪어보지도 생각지도 못하는 세계를 간접적으로나마 경험하게 해주는 훌륭한 매개체이기 때문이지.

그중에서도 만화책은 아이디어의 보물창고야. 주위 사람들은 다 큰 어른이 아직도 만화책을 읽느냐며 핀잔을 주긴 하지만, 만화책을 읽지 않았다면 틈새시장을 찾아내지 못했을 것이고, 기발한 아이디어를 감히 상상하지도 못했을 거라고 확신해. 만화가들의 기발한 상상력에 존경심이 들 정도라고.

카페 운영과 책?

갑자기 책에 대해 이야기를 하는 건, 사업이나 장사를 할 때 책이 엄청 도움이 된다는 것을 말하고 싶어서야. 사업을 하다 보면 한계에 부딪힐 때가 있기 마련이지. 대단한 규모의 사업은 아니지만 카페 운영에도 갖가지 어려움을 감당해야 할 때가 있어.

예를 들어 카페를 시작할 때도 생각해야 할 게 한두 가지가 아니야. 어느 상권이 카페 문을 열기에 좋은지, 상권을 구성하는 사람들은 대체로 어느 직업군에 속하고 어떤 취향을 가졌는지, 카페의 콘셉트는 어떻게 할 것인지, 카페의 콘셉트에 맞는 고객은 누구인지, 손님들의 경제적인 수준은 어느 정도인지, 메뉴는 어떻게 구성하는 게 좋은지, 메뉴의 가격대는 어느 선이 적정한지 등등. 카페를 시작하기에 앞서 고려해야 할 사항들이 너무나도 많아.

자영업과 관련해 일가견이 있거나 카페를 해본 경험이 있는 사람들은 자신의 경험치를 활용해서 차근차근 준비할 수 있어. 하지만 이것이 첫 도전이라면 무엇 하나 쉽게 해결할 수 있는 게 없지. 이때는 창업 관련 도서를 읽거나 주변 사람들에게 물어 나름대로 방법을 찾아가는 수밖에 없어. 그리고 실전에 돌입해 하나둘 경험을 쌓아가게 되지.

나는 간혹 어렵사리 카페를 시작한 이들이나 카페를 오랫동안 운영하면서 갖가지 시행착오를 겪은 이들에게 경영학 개론을 선물하는데, 그 책을 다 읽고 나서 다들 내게 이렇게 말을 해.

"진즉에 이 책을 볼 걸 그랬어요. 용어가 좀 어려워서 그렇지. 장사하는 데 필요한 내용을 모두 담고 있네요. 카페 시작하기 전에 이 책으로 공부했다면 꽤나 도움이 됐을 텐데. 그렇게 고생하지 않아도 되고 말이죠."

대개 경영학 개론이나 원론은 회사에 다니는 직장인이나 경영학 또는 경제학을 전공하는 대학생들이 읽을 법한 책이라고 생각할 거야. 하지만 그대에게도 예외는 아니야. 장사나 사업을 하는 데 필요한 기초적인 이론과 실제로 쉽게 적용해볼 수 있는 원리가 담겨 있거든. 몇 년 간 카페 현업에서 고생해서 얻은 경험들이 책 한 권에 담겨 있다는 걸 모르는 이들이 많다는 게 안타까울 정도라고. 예를 들어 사업계획서를 작성하는 게 어렵다고 생각하는 사람들이 많은데, 경영학 개론의 기초 항목만 챙겨봐도 사업계획서를 작성하는 데 어떤 것들을 다뤄야 하는지 간단히 알 수 있어.

경영학은 시행착오를 줄인다

경영학은 원리를 밝히려는 순수 학문이 아니라 먹고사는 방법을 잘 실현하기 위한 이론적인 내용을 체계적으로 정리한 실용학문이야. 이를테면 경영학에서 배우는 소비자 행동론은 소비자들의 심리와 행동 특징, 구매 특성 등에 대해 다루지. 마찬가지로 카페가 위치할 상권을 조사할 때 유동인구를 분석하고, 손님들의 메뉴 취향을 예상하며, 손님의 지갑을 쉽게 열 수 있는 가격대를 정할 때 기준으로 삼아야 하는 것들도 소비자 행동론을 통해서 알 수 있어.

이렇듯 경영학은 크게 보면 사업을 잘하는 방법, 작게 보면 동네에서 장사를 잘하는 방법을 다뤄. 지금까지 머리를 싸매가면서 어렵게 해왔던 것들이 책 한 권에 담겨 있다는 것을 뒤늦게 알게 된 사람들은 허탈하기도 하겠지. 하지만 앞으로도 계속해서 어려운 일들을 극복해야 하니 지금이라도 그 해결책이 책에 담겨 있음을 알게 된 것만으로도 힘이 좀 날 거야.

경영학을 전공하고 마케팅 팀에서 근무한 경력 덕분인지 나는 자연스럽게 이론적 배경과 실전적 경험을 갖게 됐어. 그래서 카페를 처음 시작할 때도 경영학 이론을 바탕으로 꼼꼼하게 사업계획서를 작성하고, 모든 운영 매뉴얼을 만들었지. 다른 사람들의 카페를 컨설팅할 때도 그들과 함께 사업계획서를 만들어 나감으로써 실패의 확률을 줄일 수 있었어.

특히 매장을 확장하고자 하는 사람들에게는 경영학 개론을 반드시 읽어보라고 권하지. 그동안의 경험만으로도 충분히 새 매장을 개척하고 기존의 매장을 확장할 수 있겠지만, 기왕이면 체계적으로 진행하면 더는 시행착오를 겪지 않을 수 있으니까. 또한 잘 짜인 선반 위에 제각기 이름표를 달고 잘 정돈된 책들처럼 머릿속에 정리되지 않은 채로 쌓여 있던 수많은 경험과 그동안 쌓아온 운영 노하우들을 체계적으로 잘 정리할 수 있을 테니까 말이야.

마음 같아서는 경영학을 통달하라고 권하고 싶어. 하지만 현실적으로 그리 쉬운 일은 아니지. 그래도 경영학 개론이나 원론이라도 읽어 보면, 카페 운영에는 큰 도움이 된다는 것을 여실히 느끼게 될 거야.

피가 되고 살이 되는
때와 장소는 따로 있다

창업 전에는 나처럼 커피 아카데미에 등록해서 커피에 대해 공부하거나 카페쇼 같은 큰 전시회를 가보기도 하고, 각종 동호회에 참여해보기도 하는 등 직접 발품을 팔아 카페와 관련된 온갖 정보를 얻었을 거야. 그렇다면 창업 이후에는? 아마도 카페 운영에 매진하느라 카페 밖을 나가본 적이 별로 없을걸. 그나마 인터넷이라도 뒤져보며 요즘 인기 상종가를 달리는 메뉴나 카페 등을 검색하는 노력이라도 하면 다행이지.

하지만 무수한 장점에도 불구하고 인터넷은 치명적인 단점을 갖고 있어. 정보의 내용이 구체적이지만 정확하지 않거나 잘못된 정보가 떠돌기도 한다는 거야. 그래서 어느 순간에는 정보의 한계에 부딪치고 말지.

한 가지만 물을게. 그대의 카페가 안정적인 궤도에 올랐다고 생각해? 만일 그렇다 해도 그렇게 소극적으로 굴 거야? 다른 산업군도 마찬가지겠지만 커피업계에서도 세미나나 전시회, 컨퍼런스가 많이 열리고 있어. 이곳에서는 커피업계의 세계적인 트렌드를 파악할 수가 있고, 카페를 운영하는 데 유용한 각종 정보나 머신, 장비 등에 대해서도 알 수 있지. 그대가 얻으려던 것에 덤으로 생각지 못했던 관련 정보도 얻을 수 있다는 거야. 행사 하나 참석해서 여러 가지 정보를 한꺼번에 얻을 수 있는 이점이 있다고.

실전에서만 알 수 있는 정보 공유의 장

나는 카페 유니온을 통해 한 달에 한 번 카페 운영에 도움이 되는 세미나를 진행하고 있어. 커피 머신이 고장 났을 때 대처법, 여름철을 대비한 아이스 음료 개발에 관한 세미나, 노무와 세무 상식, SNS의 올바른 이해와 사용법, 사이드 메뉴의 레시피 차이와 공급처 공유 등 카페 주인이라면 누구나 관심을 가질 만한 내용이지.

세미나를 열면 대략 50여 명이 참여하는데, 대부분이 현재 카페를 운영하는 사람들이야. 이들은 세미나를 통해 접한 내용을 각자 저마다의 방식으로 활용하곤 하지. 그리고 매번 세미나가 끝나면 카페 유니온에 가입하는 새 회원들이 생겨. 카페 유니온에 가입하면 세미나에 무료로 참가할 수 있는 자격이 주어지기 때문이야. 그만큼 세미나를 통한 정보가 유익하다는 거야.

우리나라에서 진행되는 커피 관련 전시회 중 가장 크게 성장한 것으로는 카페쇼나 커피엑스포를 들 수 있어. 나는 해마다 카페쇼나 커피엑스포에서 많은 정보를 얻곤 하는데, 특히 사이드 메뉴를 제공하는 업체들의 도움을 많이 받아. 나와 직원들만으로는 새롭고 참신한 메뉴를 만들어내기가 힘들기 때문에 사이드 메뉴를 납품하는 업체를 찾기 위함이지.

더군다나 직접 눈으로 확인하고 맛도 볼 수 있기 때문에 기존에 없던 사이드 메뉴를 찾아내는 데는 그만한 데가 없어.

앞서 말했듯이 최근에는 스페셜티 커피가 이슈가 되고 있어. 기존의 커머셜 커피에서는 느낄 수 없는 꽃향기, 과일 향기, 바디·향·산미·단맛이 잘 조화된 균형감 등 화려한 풍미를 느낄 수 있는 커피 말이야. 이런 고급 커피나 종류가 다양한 양질의 생두에 대한 정보를 얻는 경로도 세미나나 커핑 같은 행사가 가장 좋아. 유명세를 떨치고 있는 카페들과 생두 수입 회사들은 새로운 커피를 소개하는 장으로 활용하기도 하지. 따라서 직접 로스팅하지 않아도 커피의 맛에 관심이 많은 카페 주인이나 바리스타들이 많이 참석하고 있어.

나도 카페 유니온에서 진행하는 생두 공동구매를 위해 커핑 행사를 직접 진행하기도 하고, 다른 업체에서 진행하는 행사에 참가하기도 해. 인터넷으로 세미나에 대해 선명한 사진과 생동감 넘치는 글을 접할 수는 있어도 커피의 맛과 향은 느낄 수 없기 때문에 직접 참여하지 않고는 분명 한계가 있어.

따라서 앞으로 카페를 확장하거나 더욱 효율적으로 운영하고자 한다면 반드시 커피업계에서 이뤄지는 세미나나 컨퍼런스에 참석하도록 해. 최신 트렌드와 유익한 정보들을 얻을 수 있는 기회일 뿐만 아니라, 나아가 커피업계에 종사하는 이들과 친분을 쌓아두면 훗날 그것이 사업적인 교류가 될 수도 있으니까 말이야.

로스터리 카페라면 성지순례를 떠나라

지금은 웰빙이니 힐링이니 해서 먹거리에 대한 사람들의 인식이 날로 높아지고 있어. 단순히 배고픔을 해결하기 위해 음식을 먹는 것이 아니라 맛있는 음식, 몸에 좋은 음식을 파는 식당을 찾아다닐 정도로 한국의 식문화가 바뀌고 있지.

카페도 마찬가지야. 갈수록 커피 시장이 커져가고 사람들의 커피에 대한 관심이 고조되고 있기 때문에 현 트렌드를 볼 때 분명 커피의 맛이 카페를 선택하는 요인으로 자리 잡을 거야. 여전히 프랜차이즈가 카페 시장을 좌지우지하고 있지만, 앞으로는 커피의 맛이라는 본질에 충실한 로스터리 카페가 더욱 각광을 받을 거야.

로스터리 카페라면 장인정신이 필요하다

문제는 로스터리 카페들이 점점 많아지다 보니 차별성 또한 희미해지고 있다는 거야. 생두에 대해 깊이 있는 공부를 하고 그에 대해 제대로 이해하게 되면 자연히 로스팅 실력은 나아지겠지만, 아직도 한창 못 미치는 사람들이 많은 거지. 학원에서 로스팅 머신을 사용하는 기술만 배웠다거나 생두에 대한 이해 없이 학원에서 배운대로 모든 생두를 똑같은 조건으로 로스팅하는 사람들이 의외로 많거든. 물론 이들도 시간이 지나 경험이 쌓이면 자신이 잘못된 방법으로 로스팅하고 있다는 것을 깨닫게 되지. 이 과정에서 어떤 사람들은 로스팅을 포기하고 다른 매장에서 로스팅된 원두를 받아 사용하기도 해.

나는 기본적으로 로스팅을 하는 사람들은 장인정신이 있어야 한다고 생각해. 커피도 다른 음식 재료와 마찬가지로 저마다 맛과 향이 다르고, 컨디션에 따라 로스팅에도 변수 따르기 때문이야. 그때그때 변수를 조절해가며 로스팅을 하는데도 맛에 차이가 나니 로스터들이 매일같이 머리를 싸매고 한숨을 짓는 거야. 그러므로 로스팅이라는 작업을 버텨내려면 크고 작은 편차를 극복하려는 인내와 정답에 대해 끝없이 추구하고자 하는 장인정신을 겸비해야 해.

내가 처음부터 로스터리 카페를 운영한 건 아니지만 10년 정도 커피업계에 있을 당시에 커피란 게 도대체 어디서, 어떻게 자랐기에 저마다 맛이 다른지 궁금해졌어. 그 당시 몇 년 동안은 커피를 좀 더 이해하기 위해 각종 세미나와 행사에 참여하는 등 커피에 대해 공부를 했지. 생두 감별사라는 큐그레이더 자격증까지 따면서 커피의 맛에 대해 탐구했어. 하지만 우리나라에서 얻을 수 있는 정보는 한계가 있었어. 책이나 세미나에서 다루는 내용들은 대개 커피에 대한 깊은 이해 없이도 충분히 알 수 있는 것들이었지.

그러던 어느 날 몇몇 로스터와 커피 관련 업종에 있는 사람들이 커피 산지와 커피 농장을 견학하고 온 이야기를 듣게 됐어. 또 친분이 있는 이들로부터 현지에서 느낀 점과 감동을 듣다 보니 나도 꼭 가보고 싶더라고. 그동안 일에 매달리느라 지친 마음을 여행을 통해 풀어보고 싶기도 했어. 더욱이 지치지 않고 하고 싶은 일을 오래 하려면 때때로 휴식을 가져야 하기에 산지 여행을 계획했지.

43일간의 커피 생산지 여행

나는 무려 43일간 산지 여행을 했어. 이 기간에 미국 서부 지역을 돌면서 카페 탐방도 했지. 나는 산지 여행을 통해 커피가 어떻게 자라고 환경에 따라 어떻게 커피 맛이 달라지는지 알 수 있었어. 커피 열매를 따먹으면서 커피 꽃의 향기를 맡으며 커피의 맛을 온몸으로 느낄 수 있었어. 또 커피 열매가 농장마다 어떻게 건조되고 가공되는지 그 차이를 이해할 수 있었지. 커피를 매개로 세계의 커피인들과 친분도 맺었어.

그동안 나는 여행을 한 게 아니라 재산을 쌓은 거였어. 생두를 직접 수입할 수도 있고, 세계 커피 시장에 대해 누구보다 빠르게 현지인들로부터 정보를 얻을 수 있는 네트워크를 얻었기 때문이지. 겉으로는 여행을 통해 마음껏 쉼을 누렸지만, 실제로는 큰 공부를 했고 가치를 따질 수 없는 무형의 재산을 얻었어.

지금은 매년 산지를 다니며 내가 원하는 생두를 직접 수입할 수 있을 정도로 나한텐 큰 경험이자 산 지식이 되었지.

덤으로 손님들에게 '카페의 주인=커피 전문가'라는 인식을 심어줄 수 있는 사진과 동영상 같은 멋진 자료도 생겼지. 커피나무 아래에서, 농장주들과 함께, 세계의 바리스타들과 함께 찍은 사진들을 매장에 전시함으로써 주인이 커피의 맛에 최선을 다하고 있음을 손님들에게 전할 수 있다는 것만으로도 충분히 가치가 있었어.

카페를 운영하면서 지치고 여유를 찾을 수 없을 때는 산지 여행을 계획해봐. 분명 커피에 대한 이해가 훨씬 깊어지면서 그대의 카페와 직원, 손님들에 대한 애정도 훨씬 짙어질 거야.

성지 순례를 하듯 한번쯤 해보길 바라. 이것저것 따지지 말고 모험을 떠나듯 감히 도전해보라고. 평생 잊지 못할 추억거리를 얻을 뿐 아니라, 그대가 하는 일에 대해 자부심을 갖게 되고 영원히 소모되지 않는 큰 재산을 얻게 될 거야.

원가는 낮추고
고객 만족도는 높이는 방법

경기가 침체되거나 새해가 되면 사람들은 이렇게 말하곤 해.

"커피 값, 담배 값 줄여 저축을 해야겠어."

그리고 텔레비전이나 신문에는 커피 원가가 가격에 비해 턱없이 낮다는 둥, 커피를 많이 마시면 건강에 해롭다는 둥, 커피에 들어가는 설탕이나 프림이 비만의 원인이라는 둥 커피업계를 긴장하게 하는 기사들이 줄을 이어. 카페를 운영하는 사람으로서 참으로 답답할 노릇이야.

어떻게 원가를 줄일 수 있을까?

사실 원가란 자영업을 하는 사람들에게 참으로 어려운 주제야. 심지어 두렵기까지 하다고. 어떻게든 돈을 벌어야 하는데 일정한 공간에서 창출해낼 수 있는 매출에는 한계가 있어. 그러므로 비용을 줄여야 하지. 비용에는 재료비를 포함해 인건비, 임대료, 공과금, 홍보비 등 다양한 항목이 포함되는데, 이 원가를 절감할 수 있는 범위와 손님이 만족할 수 있는 경계선을 잘 맞추는 게 카페 운영의 숙제야.

가령 원두를 예로 들어 보자. 지금 납품받고 있는 원두가 3만 원짜리인데 좋은 생두를 써서 손님들의 입맛을 맞추고 있다고 가정하자고. 이것을 한 달에 60킬로그램을 소비한다고 하면, 총 180만 원의 재료비가 들어. 만일 재료비를 아끼기 위해 2만 원짜리 해외 수입 원두를 사용한다고 하면 60만 원을 절약할 수 있지. 여기에서 고려해야 할 점은 가격이 저렴한 원두로 교체하고 나면 손님들이 그 맛의 차이를 알까, 그리고 지속적으로 카페를 방문할까 하는 거야. 만일 새로 교체한 원두의 맛에 만족하지 못한 손님들이 생긴다면 분명 120만 원을 들인 만큼의 매출이 발생하지 않을 수도 있어. 그만큼 손님들의 충성도가 떨어져 단골이 줄어들 수도 있지.

재료의 신선도가 중요한 생과일주스나 일반 사이드 음료 또는 다른 메뉴에도 재료의 차이가 맛의 차이로 이어져 매출에 영향을 끼칠 수 있어. 이런 까닭에 재료비를 아끼는 것이 카페를 운영하는 입장에서 가장 어려운 문제야.

인건비도 마찬가지야. 기업이든 자영업이든 인건비를 줄이는 게 비용 절감 문제에서 가장 쉽고도 눈에 띄는 방법이지. 카페도 매출이 부진하면 비용 절감을 위해 직원 고용 문제를 제일 먼저 고려하게 돼. 매장의 존폐가 위협받는 상황이 되면 아무리 실력이 좋은 바리스타라도, 매장을 물려줄 것처럼 아끼던 직원이라도 내보내야 하지. 결국 최소한의 인원으로 또는 경험이 부족한 단기 아르바이트생을 두어 매장을 꾸려나갈 수밖에 없어.

최근에는 키오스크라는 무인결제 시스템이 그 역할을 대신할 수가 있어서 인건비 절감을 쉽게 결정하지. 그런데 카페라는 곳이 손님과의 관계가 중요한 곳들이 많아. 그러다 보니 줄어든 인원으로 인해 손님들은 불만을 제기하게 되고 이런 일이 반복되면 매출이 하락하는 악순환의 고리가 이어지지. 이렇듯 원가 절감이란 가장 큰 딜레마야. 어떻게든 비용을 절감하면서도 손님들을 만족시킬 수 있는 경계를 찾아내야 해.

원가 절감과 손님 만족의 밸런스

많은 사람들이 손님들의 입맛을 위해 재료를 아껴서는 안 된다고 해. 나도 이 말에 전적으로 동의해. 하지만 나라면 비용 절감 방법으로 재료비를 선택하겠어. 저렴한 재료라도 맛의 편차가 크지 않아서 손님들이 차이를 알아차리지 못한다면 바꿀 수 있다고 생각해.

실제로 나는 기존의 재료를 대체할 것을 찾아본 적이 있어. 우리 매장에서 가장 잘 나가는 음료 가운데 하나가 요거트 스무디야. 블루베리, 딸기, 망고, 키위의 네 가지 맛이 있지. 처음에는 요거트 파우더로 만들었는데, 손님들에게는 인기가 있었는지 몰라도 나는 그다지 만족스럽지 않았거든. 혹시나 해서 파우더 대신 플레인 요거트로 바꿔봤더니 입에서 씹히는 설탕의 거친 식감이 없어서 훨씬 맛이 부드러웠어. 블루베리 시럽에서 나는 인공향미도 거의 느낄 수 없었고, 단가도 파우더 요거트와 별 차이가 없었지. 이렇게 해서 새로 탄생한 요거트 스무디는 하루 매출 가운데 30%를 차지할 정도로 손님들에게 폭발적인 인기를 끌었어.

그런데 문제는 스무디의 제조원가가 다른 음료에 비해 높다 보니 매출이 올라도 수익 면에서는 크게 도움이 되지 못했다는 거야. 요거트 스무디에 대한 손님들의 입맛을 끌어올린 마당에 예전에 사용하던 재료를 다시 쓸 수도 없고, 가격을 올릴 수도 없는 상황이 되고 말았지. 그러다가 카페 유니온에서 실시한 여름 메뉴 세미나에서 수제 요거트 만드는 방법을 알게 됐어. 운이 좋게도 그토록 바라던 것을 얻었지. 수제 요거트를 만들다 보니 요거트 스무디의 원가를 60% 넘게 줄일 수 있었어. 지출 비용으로 따져 보니 매달 150만 원을 아낄 수 있었지. 인건비로 따지면 아르바이트생 두 명의 급여였어. 손님들의 만족도는 어땠을까? 수제 요거트라는 점이 손님들에게 꽤나 매력적으로 다가갔던 모양이야. 완전 대박이지 뭐.

이렇듯 지속적으로 원가 절감에 대한 고민과 더불어 손님이 만족할 수 있는 접점을 찾아내는 노력을 게을리해선 안 돼. 원가 절감과 고객 만족도의 밸런스를 찾아내는 노하우를 가진 카페가 실패하는 경우는 본 적이 없어.

무조건 값싼 재료로 대체하거나 직원의 수를 줄이는 식으로 하지 말고, 원가 비중이 높은 메뉴 대신 제조원가는 낮지만 손님들의 취향에 맞는 신메뉴를 개발하는 식으로 비용 절감 방법을 찾아봐. 찾고자 한다면 길은 열리기 마련이야. 정 힘들다면 다른 매장을 찾아가서라도 아이디어를 얻어봐.

운영 매뉴얼은
확장을 위한 첫 단추다

얼마 전에 카페 사장들과 직원 관리 및 운영과 관련하여 프랜차이즈와 개인 카페 간의 차이에 대해 이야기를 나누었지. 프랜차이즈 카페들은 본사 차원에서 체계적으로 수립된 운영 매뉴얼이 있기 때문에 개인 카페와는 운영 방법이 많이 다르다는 논지였어. 다들 개인이 운영하기 때문에 매뉴얼을 만들 만한 여력이 안 되고, 직원도 몇 명 되지 않아 크게 도움이 안 된다고 하더군.

사실 운영 매뉴얼은 그리 거창한 게 아니야. 매일 카페의 문을 열고 마감하는 것까지 매장 내에서 이뤄지는 모든 것, 즉 접객 방법, 레시피, 매장 오픈·마감 절차, 매장·화장실·주방·바 등의 체크 리스트, 자재 관리를 일목요연하게 정리하면 돼. 분명 그들도 나름 규칙대로 카페를 운영하고 있고, 단지 그것을 문서화하지 않았을 뿐인데도 매뉴얼 작업을 무척 대단하고 번거로운 일로 받아들이고 있었어.

카페에서는 직원 말고도 아르바이트생을 두는데, 요즘 아르바이트생들은 일을 진득하니 하지 못하고 일이 조금 힘들다 싶거나, 더 나은 일을 찾으면 쉽게 관두는 일이 잦아. 카페를 운영하는 입장에서는 고용한 지 한두 달 지나 이제 일이 손에 익었나 싶은데 갑자기 일을 그만두면 참으로 난감해. 직원들도 아르바이트생 못지 않게 이직하는 경우가 많아서 하루라도 마음을 놓을 수가 없어.

빈자리를 채우는 일도 힘들지만, 새로 직원이나 아르바이트생을 고용할 때마다 그들이 익숙해질 때까지 직원 교육을 해야 하니 여간 고된 게 아니야. 이때 운영 매뉴얼은 그 역할을 훌륭히 대신할 수 있어.

운영 매뉴얼 만들기

그렇다면 운영 매뉴얼은 어떻게 만들어야 하는 걸까? 혹시 공공 기관이나 대형 프랜차이즈 레스토랑의 화장실에서 벽면에 붙어 있는 체크 리스트를 본 적 있어? 화장실 담당 직원이 정해진 시간마다 청소하면서 화장지의 유무, 누수 상태, 청결 상태 등을 점검하고 표시하는 것 말이야. 이런 체크 리스트는 확인해야 할 부분을 잊지 않고 점검할 수 있다는 장점이 있지. 바로 이런 것을 봐두었다가 그대의 매장에 적용하면 되는 거야.

레시피를 정리할 때는 카페 모카의 경우, "에스프레소 1샷 + 초코 소스 2펌프 + 스팀 우유 250ml + 휘핑 크림"으로 적기보다는 그림으로 하는 거야. 각각의 재료를 그림으로 그리고 그 밑에 분량을 적어두는 거지. 그러면 누구든 매뉴얼을 보고 레시피대로 금방 카페 모카를 만들 수 있지. 이런 식으로 추가되는 메뉴를 지속적으로 업데이트하면 레시피북이 완성되는 거야.

담당 직원이나 아르바이트생이 레시피를 완전히 익힐 때까지 말로 설명하고 옆에서 시범을 보이지 않아도 이 레시피북 하나면 간단히 해결되지.

오픈·마감 점검, 매장·주방·바 점검, 자재 관리, 접객 태도 체크 리스트도 마찬가지야. 매장 내에서 점검해야 하는 모든 것을 확인하고 기재하는 거야. 체크 리스트는 우선 연습장에 생각나는 대로 적어뒀다가 추가해야 할 것들은 중간에 집어 넣으면 돼.

운영이란 것은 정해진 것도 아니고, 매장 내에서 달라지는 부분은 수정해나가야 하기 때문에 처음부터 완벽하게 만들 필요 없어.

가급적이면 시간대별로 적어두는 게 좋아. 그러면 일일이 직원들에게 잔소리하지 않아도 되고, 직원들 스스로 점검할 수 있거든. 물론 자발적으로 점검할 수 있을 때까지 사장은 직원을 독려해야지.

하나 사례를 들어볼까?

예시 화장실 체크 사항

휴지는 여분이 있는가?

바닥은 깨끗한가?

휴지통은 비워져 있는가?

세면기에 물기는 없는가?

거울은 깨끗한가?

시간	담당자	우수	양호	시정	기타
am 10~11					
am 11~12					
pm 1~2					
pm 2~3					
pm 3~4					
pm 4~5					
pm 5~6					
pm 6~7					

pm 7~8				
pm 8~9				
pm 9~10				
pm 10~11				

결정적으로 운영 매뉴얼이 필요한 이유는 손님들에게 균등한 서비스를 제공하기 위함이야. 언제 어느 때고 누가 서비스를 하더라도 항상 그대가 바라는 서비스를 손님들에게 제공할 수 있지.

여기서 중요한 것은 개인 카페의 매뉴얼은 프랜차이즈처럼 천편일률적이면서도 기계적인 것이 아니라 매장의 개성을 잘 살려야 한다는 거야. 그것이 줄곧 프랜차이즈 카페를 찾던 손님의 발길을 그대의 카페로 돌리는 무기가 되니까 말이야.

특히 카페를 확장해 2호점, 3호점을 준비하는 이들에게 매뉴얼은 반드시 갖춰야 할 아이템이야. 각 매장마다 분위기를 달리할 수는 있지만, 주인이 같기 때문에 궁극적으로 추구하는 바가 같다는 점에서 매뉴얼만 잘 갖춰놓으면 새 매장을 세팅할 때 쉽게 적용할 수 있어. 또 손님이 기존 카페에 대해 좋은 이미지를 가지고 있다면, 그것을 유지하기 위해서도 본점이나 분점이나 시설, 서비스, 직원 관리 등 여러 측면에서 동일한 매뉴얼을 적용하는 게 좋아.

그러므로 직원이 얼마 안 된다고, 카페의 규모가 작다고, 매뉴얼이 없어도 지금껏 잘 굴러가고 있다고 하루하루를 그냥 보내지 말고 2호점, 3호점을 내고 그대의 카페가 계속 발전하는 날을 고대하며 매뉴얼을 만들어 두라고.

원가는 줄이고 효과는 200%,
천기누설 레시피 노하우

1. 에스프레소 머신을 이용한 수제 요거트 만들기

여전히 요거트 파우더를 사용해? 요거트 스무디를 만들 때 보통 파우더를 많이 사용하는데 설탕이 씹히는 식감과 너무 달달한 맛 때문에 마음에 들어 하지 않는 사장들이 많아. 이럴 때는 플레인 요거트를 사용해봐. 맛이 확 달라진 것을 느낄 수 있을 거야. 잔당 소용되는 비용을 계산해봐도 파우더나 플레인 요거트나 큰 차이가 없어. 여기에 한 가지 결정적인 팁은 수제 요거트를 만들어 사용하는 거야. 수제 요거트라고 하면 다들 어떻게 만드냐고 궁금해 하는데, 사실 그리 어렵지 않아. 카페 사장들은 이미 세상에서 제일 비싼 요거트 발효기를 가지고 있기 때문이야. 그것은 바로 에스프레소 머신!

퇴근할 때 우유 1리터 팩에 첨가향이 없는 플레인 요거트를 한 병 넣어주고 밀봉한 후 린넨으로 꽁꽁 감싸서 에스프레소 머신 위에 두면 다음 날 요거트가 완성되어 있어. 비용도 절약하고 맛도 월등히 좋아지는 비법 중의 비법이야.

2. 남은 생과일로 비밀 레시피 만들기

생과일주스는 대개 생과일을 갈아서 만들기 때문에 신선함을 잘 유지해야 해. 따라서 그날 팔지 못한 과일들을 그냥 버리거나 직원들이 먹어 치워서라도 처리하게 되지. 이럴 때는 과일들을 설탕에 재워봐. 1:1 비율로 설탕에 재운 과일들로 만들 수 있는 메뉴는 정말 다양해. 자몽이나 레몬의 경우 에이드, 슬러시, 차 등을 만드는 기본 베이스로 사용할 수 있어. 그리고 설탕과 과일의 비율에 따라 단맛과 상큼한 맛을 조절할 수 있는데, 베이스를 만들어 시럽과 함께 사용한다면 우리 카페만의 비밀 레시피를 만들 수 있지.

3. 제빵실이 없는 카페들의 제과 제빵 판매의 비밀

언제부터인가 카페들의 디저트 메뉴를 단순한 쿠키나 케이크가 아닌 빵집에서나 볼 수 있는 제빵 메뉴들이 차지하고 있어. 그런데 제과 제빵류는 만들기 쉬운 제품들이 아니야. 대형 오븐이라든가 제과 제빵에 필요한 장비가 고가의 제품일뿐더러 전문적인 기술이 없이는 생산이 어려워. 또 별도의 제빵실을 둬야 할 정도로 공간적인 제약이 크지. 그런데 제과 제빵을 하는 일부 카페들을 보면 제빵실도 없는데 빵 종류를 꽤나 많이 판매하고 있는 곳들이 있어. 도대체 어떻게 된 걸까?

사실 알고 보면 간단해. 일부 프랜차이즈 베이커리의 방식이긴 한데 냉동 생지의 형태로 제품을 받아서 사용하는 거야. 냉동 생지를 간단히 해동하거나 오븐에서 살짝 굽기만 하면 되는 방식인 거지. 물론 냉동 생지도 발효과정이 필요한지 아닌지에 따라 다르지만 일반적으로 카페에서 만들기 편한 방식의 냉동 생지가 사용돼. 그렇기 때문에 제빵실의 큰 상업용 오븐은 필요없어. 소량 제작이 가능한 오븐기만 있어도 어느 정도 제빵이 가능한 거지.

케이크도 마찬가지야. 요즘은 냉동으로 배송되는 케이크류가 워낙 다양해졌어. 또 그 모양이나 맛이 직접 만드는 케이크 못지않기 때문에 제조업체만 잘 찾으면 카페에서 쉽게 괜찮은 품질의 디저트 메뉴도 판매할 수 있어. 결국 훌륭한 냉동 제품을 파는 곳을 잘 찾으면 그대도 언제든지 제과 제빵을 할 수 있는 카페를 운영할 수 있다는 거지. 이건 엄청난 비밀 레시피라고.

4. 저가 제빙기로 새하얀 빙수 만드는 방법

카페에서 얼음은 의외로 많이 쓰여. 여름철만 되면 아이스 아메리카노나 프라페, 스무디 등의 아이스 음료의 매출은 급증하기 때문에 이때 매장에 비치한 제빙기는 쉴 틈 없이 돌아가. 그런데 제빙기에서 생산할 수 있는 얼음의 양은 매우 제한적이야. 80킬로그램 이상인 제빙기는 무난하게 쓸 수 있지만 40~50킬로그램 제빙기로는 얼음이 부족할 수 있어. 이때는 전날 마감할 때 얼음을 전부 꺼내서 얼음통에 담아 냉동고에 보관해 두었다가 쓰면 좋아. 오픈할 때는 제빙기에 가득 차 있던 얼음이 바닥날 때쯤에 냉동고에 보관해둔 얼음을 꺼내 쓰면 돼.

특히 전날 보관해 둔 얼음은 빙수를 만들 때 사용하면 좋아. 제빙기의 얼음을 냉동고에서 얼리면 매우 단단해지기 때문에 이 얼음을 빙삭기에 갈면 마치 새하얀 눈이 내린 것처럼 돼. 눈꽃 빙수만큼은 아니더라도 저가의 빙삭기로도 충분히 좋은 빙질의 빙수를 만들 수 있어. 제빙기 얼음과의 차이를 한번 느껴봐. 아마도 단골 손님들은 그대의 카페가 빙삭기를 새로 구입했다고 생각할지도 몰라.

5. 아인슈페너, 비엔나 커피 차이점

아인슈페너는 마차의 마부라는 뜻인데 마부들이 간단히 즐겨 먹는 커피라는 데서 유래된 명칭이야. 마부들의 도시인 오스트리아

빈(비엔나)의 명칭을 따서 비엔나 커피로도 불리기 시작했어. 결국 알고 보면 아인슈페너나 비엔나 커피나 같은 커피인 셈이야. 최근 국내의 유명한 카페들에서 너도나도 아인슈페너 혹은 비엔나 커피라고 알려진 메뉴를 많이 선보이고 있어.

그런데 매장마다 맛도 다르고 생김새도 달라서 도대체 어떻게 만드는 거냐고 많이 궁금해 해. 에스프레소 위에 크림과 설탕을 얹어 먹는 방식이 일반적인데 국내에서는 아메리카노 위에 휘핑 크림을 올리는 곳도 많고 어떤 곳은 에스프레소 계열이 아닌 콜드 브루 위에 휘핑 크림을 올려서 만들기도 해. 또 잔의 크기나 모양새에 따라서 특징이 달라지는데, 초창기에는 전통적으로 작은 데미타세 잔에 나오는 아인슈페너가 많았으나 요즘에는 좀 더 큰 잔에 제공하는 게 트렌드야.

결국 레시피의 핵심은 에스프레소를 사용하느냐 콜드브루를 사용하느냐와 동물성 크림을 써서 고소함을 더하느냐 식물성 크림을 써서 재료비를 아끼느냐, 그리고 잔의 크기를 키워서 가성비를 따지는 고객들을 만족시키느냐에 따라 달라져.

TV에서는 늘 대박난 가게, 손님이 줄을 서는 가게들을 주로 보여주고 있어. 그렇기에 많은 초보 창업자들이 아무런 경험도 없이 시작하면서도 그저 성공할 수 있을 거라는 막연한 기대감을 가지고 있지. 하지만 현실은 80퍼센트 이상의 창업자들이 실패하는 상황들로 가득해. 결국 제대로 준비하지 않은 사람들에겐 비참한 현실만이 기다리고 있을 뿐이지.

그대들도 이 책을 읽기 전에는 카페 창업에 쉽게 성공해서 행복한 장밋빛 미래를 즐기는 인생을 꿈꾸고 있었을 거야. 그런데 이 책을 읽고 난 뒤 지금의 느낌은 어때? 여전히 창업이 쉬워 보여? 아마 그렇게 느끼진 않을 거라고 생각해. 이제 좀 더 조심해야겠다는 생각이 들었을 것이고 적어도 뭐든지 철저히 준비해야 되겠다는 생각 정도는 했을 거야. 좀 더 신중한 사람들은 이 책을 다시 한번 처음부터 읽고 또 읽을 테지. 내 역할은 그 정도면 되는 거라고 생각해. 그대들이 창업을 쉽게 생각하지 않고 신중히 접근하게 하는 것만으로도 이 책을 쓴 목표는 달성했다고 생각해.

그리고 카페를 이미 창업해서 운영하는 데 있어서 어려움을 겪고 있는 이들에게도 이 책이 다시 한번 자신을 돌아볼 수 있는 계기가 됐으면 해. 장사가 안되는 데는 외부의 요인도 있겠지만 분명 자신의 운영법이 잘못 됐을 수도 있다는 걸 생각해봐야 돼. 물론 내가 제안하는 것들이 무조건 정답은 아닐 수도 있어. 하지만 한번쯤 시도해보고 변화를 줄 만한 가치는 있을 거야.

첫 단추가 잘못 꿰매졌다고 해서 모두가 실패하는 건 아니야. 어느 정도 실패를 인정하고 나아갈 방향에 대해 빨리 궤도 수정을 할 의지를 가진다는 것이 중요한 거지. 이미 많은 이들이 실패를 딛고 성공해온 경우도 수없이 봤잖아. 그러니 그대도 충분히 성공할 수 있다는 믿음을 가지고 다시 한번 새롭게 출발해보는 게 어때?

마지막으로 대한민국에서 장사하는 카페 사장들 모두가 성공할 수는 없지만 적어도 이 책을 읽는 사람들은 성공하기를 바라. 내가 하는 말들이 100% 성공을 불러올 수 있다고 확신은 할 수 없어. 하지만 확실한 건 실패 확률을 많이 줄일 수 있다는 거야. 그러니 기왕 창업한다고 마음먹은 이상 실패보다는 성공을 할 수 있도록 다들 힘내서 열심히 해보자고!

부록

혼자서도 실패 없는
카페 창업 노트

자금계획 이것만 알면 성공한다!

1 | 뻔한 자금, 금액보다 계획으로 승부하는 법

지금도 예전 직장 동료들에게서 카페 창업에 대한 질문을 많이 받는다. 가장 많이 받는 질문 중 하나가 창업 자금에 대한 것이다. 나 역시 카페를 창업하기 전, 자금과 관련해서 가장 고심했다. 카페 창업 전에 대기업을 다녔든 중소기업을 다녔든 간에 비축한 자금은 뻔하다. 퇴직금까지 합해도 넉넉지 않으니 다들 카페 창업에 대한 꿈만 꾸는 실정이다. 문제는 자금 계획을 세우지 않고 무작정 카페 창업에 뛰어드는 이들이다. 여기에서는 카페 창업을 하기에 앞서 가장 중요한 자금계획 설계에 대해 알아보겠다.

단기 계획과 중장기 계획의 체계적 수립

어떤 사업을 하든 간에 자금 계획은 꼼꼼하게 설계해야 한다. 특히 창업의 경우, 초기에 보유한 자금의 대부분을 소진하는 오류를 범하지 않도록 단기 계획과 중장기 계획으로 자금을 집행하는 것이 효율적이다. 나름 준비를 잘했다고 해도 서류에서부터 개업까지 예상치 못한 장애로 카페 오픈이 지연되기도 하고, 본격적인 매출을 기대하기도 전에 여러 가지 장벽에 부딪쳐 의외의 자금 지출로 결국 카페 문을 닫기도 한다. 그러므로 단기 계획과 중장기 계획을 모두 세워야만 창업 실패의 확률을 줄일 수 있다.

자금 운용 계획 고려 사항

창업 자금 운용 계획을 수립할 때는 제일 먼저 총소요자금을 파악해야 한다. 시설의 종류와 형태에 따라 비용이 천차만별이며, 매장 임대부터 권리금, 월세, 보증금에도 차이가 있다. 여기에 여러 가지 예측하기 어려운 상황이 발생함에 따라 추가로 지출이 발생한다. 따라서 총소요자금을 최대한 정확히 파악하되, 불확실한 소요자금 또는 예측하지 못해 누락된 자금 등을 감안하여 총소요자금의 1.3~1.5배 정도를 미리 확보하는 것이 좋다. 이후 그 규모에 따라 자금 계획을 수립해야 한다.

그다음에는 창업 자금을 조달할 방법을 검토해야 한다. 우선 자신이 조달할 수 있는 자기자본금과 은행과 같은 금융기관에서 차입할 수 있는 타인자본금을 파악한다. 특히 타인자본금과 관련해

이자비용과 원금 상환 시 발생할 수 있는 위험성을 파악해 타인자본금 비율을 조정한다. 카페 창업이란 게 마음먹은 대로 되는 것이 아니기 때문에 불투명한 미래에 대해서는 최대한 보수적으로 접근하는 것이 좋다. 따라서 자금조달 계획은 소요 자금 계획과 반대로 1.3~1.5배 정도 줄여 향후 발생하는 위험 요소에 대비할 수 있도록 추가 자금을 비축하는 정도로 이해하면 된다. 즉, 카페 오픈 후 1~2년간은 매장이 안정궤도에 오르지 못하는 경우가 많기 때문에 이에 대비하는 여유 자금을 준비해야 한다.

결국 사업 자금 운용 계획의 목적은 창업을 하는 데 필요한 자금 설계가 아니라 추가로 발생되는 운전 자금, 정확히 산정할 수 없는 소요자금 등을 미리 고려해 창업을 준비한다는 데 의미가 있다. 보수적으로 계획을 수립하여 앞으로 발생할 위험 요소에 대비하는 안정적 경영을 도모하는 것이다.

2 | 자금조달 계획 3단계

직장인들의 중요한 일과 중 하나가 점심 식사 후 카페에서 커피 한 잔 하며 담소를 나누는 것이다. 그들 중에는 자신이 자리한 카페를 둘러보며 자신도 카페를 창업하고 싶다며 막연한 소망을 이야기하는 이들이 있다. 여기에서도 창업과 관련해서 돈 이야기가 빠지지 않는다.

두말할 필요 없이 자신이 보유한 자금 내에서 창업을 하는 것이 가장 바람직하다. 가급적이면 여유 자금을 20~30% 정도 배정하는 것이 실패를 줄이는 가장 안정적인 방법이다. 그러나 현실을 고려할 때 자기자본도 부족해 금융기관으로부터 대출을 받는 이들이 많다. 그러므로 자기자본 및 타인자본의 조달가능 규모를 점검하는 데 소홀히 해서는 안 된다.

자기자본의 파악

현금·예금·적금·보험 등 현금화할 수 있는 금액을 확인한다. 만약 빌려준 돈이 있다면 창업 시기에 맞춰 문제없이 회수할 수 있는지도 점검한다. 주택 구매, 신용대출 등과 같은 부채가 있다면 대출 상환 기간이 창업 시기와 맞물리지 않는지 확인한다.

대출 가능 여부 확인

금융기관별로 제공하는 금리와 대출 상품이 각기 다를 수 있다. 금융상품별로 특징이 있고 개인의 신용도나 해당 기관과의 거래 실적에 따라 금리와 대출 조건이 달라지기 때문이다. 그러므로 대출을 받고자 한다면 우선 대출이 가능한지, 자신에게 유리한 상품이 무엇인지 파악해야 한다. 특히 대출 금액이 커질수록 1%라도 이자비용이 늘어날 수 있으므로 사전에 대출금액의 이자율과 조건을 꼼꼼하게 계산해봐야 한다.

손익 분석과 상환 계획

일반적으로 카페 창업 후 3~6개월 후면 월 손익분기점을 넘긴다. 이때 원리금 상환 시기가 겹치면 부담이 매우 크다. 손익분기점을 넘기기 전에 원리금 상환이 시작되면 카페의 존폐 유무를 고민해야 할 수도 있다. 따라서 보수적으로 매출을 추정하고 손익 계산서를 작성해본 후 부채 상환이 가능한지 따져봐야 한다.

부실한 창업 자금 설계의 예
- 창업 규모를 과다하게 크게 잡는 경우
- 무조건 1급 상권, 유동인구가 좋은 상권을 선호하는 경우
- 카페의 특성을 고려하지 않고 무조건 화려하고 고급스러운 인테리어를 선호하는 경우
- 보유한 부동산의 매도가 원활하게 진행되지 않아 자금이 막힌 경우

- 지인에게 빌려준 돈이 제때 상환되지 않는 경우
- 신용카드 연체 등 신용도 관리를 잘못해 금융권 대출이 어려운 경우

자기자금 분류표

구분	금액	내용
현금 및 예금		
적금		
퇴직금		
현물		자동차 등 현금화할 수 있는 물자
부동산		주택, 토지, 건물 등 매각 가능한 부동산
유가증권		주식, 채권 등
동업자 출자금		동업자가 출자한 현금 또는 현물
기관 출연자금		엔젤투자를 비롯한 창업투자회사의 출연자금
후원금		친인척 등 주변인의 후원금
합계		

타인자본 분류표

구분	금액	내용
정부정책자금		소상공인 지원자금 등
은행		담보, 보증, 신용대출 등
보험회사		보험계약 대출 등
제2금융		담보대출, 신용대출 등
개인금융(사채)		가급적 활용하지 말아야 할 대출
기타자금		기타 대출
합계		

3 | 은행에서도 알려주지 않는 주의사항

카페를 창업하고 싶어하는 사람들의 가장 큰 고민은 어디서 창업 자금을 조달할 것인가이다. 이때 많은 이들이 고려하는 것이 낮은 금리로 지원해주는 정부정책자금이다. 간혹 인터넷이나 기타 정보 채널을 통해 얻은 정책 자금의 개략적인 정보만 가지고 집행 계획을 세웠는데 예상치 못한 일로 곤란을 겪는 경우가 있다. 따라서 본인의 신용 상태, 각 부서에서 지원 가능한 자금의 규모, 필요 서류와 기타 조건들에 대해 관련 담당자를 방문하여 직접 상담하는 것이 현명하다.

소상공인 지원 센터를 활용하면 편리하게 창업 자금에 대한 정보를 얻을 수 있다. IMF 경제 위기 이후 일자리 창출을 위해 금융기관들이 다양한 대출 상품을 내놓고 있고, 정부 및 지방 자치 단체들도 각종 지원책과 저금리의 정책 자금을 지원하고 있기 때문에 이를 잘 활용하는 것이 효과적이다.

최근에는 금융기관들이 예금 유치를 위해 각종 대출 제도에 대한 절차를 간소화하고 있다. 인감과 인감 증명서 없이도 서명만으로 대출을 해주기도 한다. 그러므로 주거래 은행을 방문하는 것이 유리하다.

금융기관 대출 외에도 예비금으로 사용할 수 있는 자금 대출 방법도 있다. 이미 가입한 적금, 보험 등에서 제공하는 대출금이 그것이다. 보험의 경우 해지하지 않아도 대출이 가능하며, 원리금 상환에 대한 부담이 전혀 없고 운전 자금을 위한 소액 대출로 활용할 수 있다.

아무리 금리가 낮다 해도 상환에 대한 압박과 이자 비용에 따른 부담이 따르므로 이 점을 염두에 두어 앞으로 운영할 카페의 수익성을 꼼꼼하게 따져봐야 한다.

4 | 비용 항목과 산출 방법

카페를 준비하는 사람들은 대개 자기자본만으로 창업하는 것이 아니라 금융기관으로부터 대출을 받거나 정부가 지원하는 정책 자금을 활용한다. 여기에는 원리금 상환에 대한 계획이 수반돼야 한다. 원리금 상환이란 대출금에 대해 원금과 이자를 함께 상환한다는 뜻이다. 그러나 원리금 상환은 매달 이루어지기 때문에 그만큼 매출을 확보해야 한다. 예를 들어 8%의 금리, 5년의 원금균등상환 조건으로 5천만 원을 은행에서 빌린 경우, 매달 상환해야 하는 원금은 84만 원, 이자는 약 30만 원 정도다. 즉, 매달 115만 원을 상환해야 하는데 카페의 평균 마진율이 약 30%임을 감안하면 매달 380만 원 정도 매출을 올려야 하고, 이는 하루 13만 원의 매출을 올려야 함을 의미한다. 생계형 카페의 경우, 이러한 부분을 간과하면 실패할 가능성이 높다.

사실 카페 경영에서는 매장 영업과 마케팅에 중점을 둔다. 그러나 이에 못지 않게 자금 계획과 실행 또한 중요하다. 영업과 마케팅을 실행하는 데도 소요되는 비용을 파악하는 것이 중요한 만큼 모든 영업활동은 자금과 결부된다. 따라서 자금 지출 항목을 명확하게 세우고 그에 따른 비용을 정확하게 산출해야 한다.

카페는 규모와 형태에 따라 매장 임대와 장비 등의 자산시설자금과 매장을 운영하는 데 소요되는 운전자금 그리고 창업 이후 위험에 대비한 예비 비용의 세 가지 항목으로 분류할 수 있다.

자산시설자금은 매장 임대 시 발생하는 보증금 등의 임차 비용과 카페를 꾸미는 데 사용한 인테리어 비용, 매장에서 사용할 각종 기물 및 장비 등의 구입 비용을 말한다. 자산시설자금은 초기에 구입 비용으로만 산출되는 것이 아니라 매년 일정한 감각상각을 통해 자산 가치로 남는다는 것을 고려해야 한다. 즉, 시설자금이 권리금이 된다. 법적으로 전혀 보장받지 못하기는 해도 권리금은 통상적으로 매장 매매 시 중요한 요건이 되므로 염두에 두어야 한다.

운전자금이란 매장 오픈 이후에 운영에 필요한 비용으로 재료비, 인건비, 기타 경비 등으로 분류된다. 이 가운데 기타 경비에는 공과금, 월세, 교통비, 관리비 등 다양한 항목이 포함되므로 가급적 꼼꼼하게 작성하는 것이 좋다. 예비 비용은 시설비와 운영비를 합한 금액의 20~30%를 책정하는 것이 좋다.

시설자금 분류표

구분	금액	내용
시설자금		세금(취·등록세, 각종 부담금)
부대공사		전기승압, 통신, 상하수도, 냉·난방 공사 등
임대보증금		보증금
설비 비용		커피 머신, 그라인더, 냉장고 등 관련 장비
사무비품		설비 컴퓨터 등 사무용비품
인테리어 공사비		인테리어 견적
기물 구입비		컵, 드리퍼 세트, 포트 등 세부 기물 구입 비용
합계		

운전자금 분류표

구분		금액	내용
인건비			기본급 인센티브 등
재료비			초도물품비, 부자재 비용
경비	임대료		월세 및 관리비
	각종 공과금		전력비, 수도광열비 및 각종 공과금
	교통비		차량유지비 및 대중교통비
	보험료		화재보험 등 매장에 관련된 보험
	복리후생비		식대, 직원 4대 보험
	소모성 경비		휴지 등 소모품 구입
	기타 경비		기타 불특정 경비
합계			

사업계획서에서 롱런하는 카페가 탄생한다!

1 | 장사 잘되는 카페의 사업계획서

카페를 창업하는 이들의 상당수가 사업계획서를 작성하지 않는다고 한다. 어떤 사업을 추진할 때 사업계획서 없이 일을 벌이면 예기치 못한 상황들로 곤란을 겪는 일이 많다. 하지만 사업계획서를 작성하면 그런 일들에 대한 시뮬레이션이 가능하므로 문제가 발생해도 당황하지 않고 슬기롭게 대처할 수 있다.

혹자들 중에는 매장 하나 여는 데 사업계획서가 너무 거창해 보인다고 말하는 이들이 있다. 비록 중소기업이나 대기업 같은 큰 규모의 사업과는 비교할 수 없지만 소규모 자영업에도 자신의 의지와 목표를 사업계획서에 담아내는 것이 중요하다. 인테리어, 물품 구매, 마케팅, 각종 서류 작성 등 여러 가지를 동시에 진행하는 경우가 많기 때문에 진행상 혼란을 느끼기도 하고 해야 할 일을 카페 오픈 이후에도 해결하지 못하는 오류를 범하기 때문이다. 사업계획서를 작성하다 보면 꼼꼼하고도 신중하게 생각하고 정리할 수 있으므로 체계적으로 일을 진행할 수 있다. 더불어 불필요한 경비를 절감하는 효과도 얻을 수 있다.

1. 사업계획서는 주먹구구식 창업에서 벗어나게 한다

사업계획서 작성을 통해 체계적으로 사업을 준비할 수 있는 방법을 깨닫게 된다. 또 시행 과정상 예상치 못한 문제로 차질을 빚는 경우를 줄일 수 있다.

2. 창업 실패 확률을 줄여준다

사업계획서를 작성하다 보면 사업 전반에 관한 시각을 갖출 수 있다. 사업의 성공 가능성과 위협 요인, 시장의 위험성, 까다로운 시장조건 등을 객관적으로 살펴볼 수 있으므로 미리 대비하는 준비성으로 실패의 위험을 크게 줄일 수 있다.

3. 사업계획서를 통해 자본조달이 가능하다

사업계획서에는 사업 진행 방법이 구체적으로 설명되어 있다. 그러므로 동업자, 투자회사, 정부기관 등 자신의 사업에 대해 설명하고 설득해서 자금을 조달하는 데 꼭 필요한 자료로 활용할 수 있다. 어떤 투자자도 구두로만 전달되는 사업에는 절대로 투자하지 않는다. 그러므로 자금 유치에 사업계획서는 필수다.

4. 매장 운영의 매뉴얼이다

사업계획서에는 매장 운영의 의도와 목표가 잘 드러나 있으므로 매장을 운영하는 데 훌륭한 지침서가 될 수 있다. 향후 달성 목표에 따라 그 성과를 평가하는 기초가 되며, 직원 교육 매뉴얼로도 활용할 수 있다.

2 | 주요 항목과 주의해야 할 점

사업계획서는 작성하는 사람이나 용도에 따라 그 내용이 조금씩 달라진다. 특히 투자자금 조달이 목적이라면 매우 구체적이고 상세하게 작성해야 한다. 개인 카페 창업을 위한 용도로 작성해야 한다고 하면 그 형식이나 절차에 크게 구애받을 필요는 없다. 다음 내용을 참고하여 꼼꼼하게 작성해보자.

- **사업개요 |** 창업의 목적, 특성 및 필요성에 대한 간단한 개요 작성

- **업종 조사** | 시장 환경, 자본금, 사업성, 성장 가능성, 입지 조건 등 카페 업종에 대한 환경 조사
- **시장성 조사** | 시장조사방법, 기존업체 방문, 예정 매장 물색, 투자 규모, 시장성 분석 등
- **입지선정 및 상권분석** | 경쟁매장 분석, 입지분석, 위치선정 등 상권분석
- **매장 인테리어 계획** | 매장 면적, 메뉴 구성, 내·외부 인테리어, 소품, 인력, 레이아웃 등
- **홍보 및 운영 계획** | 가격 결정, 재고관리, 부자재 매입, 홍보 계획, 판매 계획, 매출 계획, 직원 교육, 서비스 계획, 메뉴 계획 등
- **재무 계획** | 초기 투자 비용, 운영 비용, 매출원가관리, 판매비, 관리비, 기타 비용 등
- **손익 계획** | 손익계산서를 통한 마진율 설정과 목표 매출액 설정 및 장기 계획
- **자금조달 계획** | 총소요자금 내역 및 자금조달 계획
- **사업성 분석** | 손익계산서, 캐시플로우, 자금상환 계획, 대차대조표 등
- **스케줄 관리** | 인허가, 시설 설비 기간, 자금투입, 상품매입 등 전반적인 일정관리

STEP 2

- **비상계획**(Contingency plan) | 사업의 위험요소를 고려한 대처 및 운영 계획

사업계획서 작성 시 다음의 사항은 유의하자.

- **객관성** | 절대 과대포장하지 말고 객관적으로 평가하고 작성한다.
- **유연성** | 상황에 따라 유연하게 수정한다.
- **자금조달 계획의 정확성** | 반드시 정확하고 차질이 없도록 작성한다.
- **자신감** | 스스로가 납득하지 못하면 타인을 설득하는 것은 불가능하다.
- **냉철한 경쟁매장 분석** | 기존에 잘 운영되고 있는 매장을 과소평가하지 말고 냉정하게 분석한다.

3 | 성공하는 사업계획서 미리보기

사업계획서 사례는 수도 없이 많다. 하지만 너무 복잡하면 실제로 따라 하기가 어렵고, 비용이 과다하게 소요되는 중심상권에서의 카페 사업계획서는 현실과 동떨어질 수 있다. 이에 필자가 거주

하고 있는 지역에서 가상으로 조그마한 카페를 창업하는 식으로
간편한 사업계획서를 만들어보고자 한다. 이 사업계획서는 각 상
권별로 임대료, 인건비, 메뉴 가격 등의 차이가 있으므로 실제 창
업 시에는 각 상권에 따라 적용되는 비용으로 계획을 세워야 한다.

〈한국외대 인근 로스터리 카페 사업계획서〉
*10년 전 사업계획서이기 때문에 현재와 상황이 다름을 인지해야 함

차례
1. 사업방향
2. 한국외대(이문동) 상권분석
3. 영업 계획
4. 메뉴 계획
5. 인력운영 계획
6. 시설 계획
7. 판매촉진 계획
8. SWOT분석
9. 한국외대(이문동) 경쟁매장과 유사업종매장 비교 · 분석
10. 투자예산 및 수지계획

---

1. 사업방향

– 강북 지역의 동대문구 이문동에 소재한 한국외대 상권에서 대

형마트 내 1층에 25평 규모의 카페를 창업한다.

- 인접한 카페들과 차별화를 이루기 위해 로스터리 카페로 입점한다.

- 인근 지역의 거주민들은 한국외대, 경희대를 다니는 학생들과 지역 주민들로 커피에 대한 소비가 타 지역보다 높은 편이다. 따라서 20~40대의 젊은 층을 중점 대상으로 판매전략을 세운다.

- 인근 지역의 카페들은 맛보다는 인테리어에 집중하고 있으며, 일부 로스터리 카페가 있으나 맛에 대한 차별성이 크게 보이지 않는다. 따라서 커머셜 커피를 위주로 한 중저가 정책을 중심으로 한다. 한편 스페셜티 커피를 취급하여 메뉴별로 가격에 차이를 두어 고객들에게 맛에 대한 차별성이 있음을 강조한다.

- 회전율과 매출을 높이기 위해 테이크 아웃 판매를 중심으로 전략을 세운다. 단, 저가정책이 아닌 이벤트성 전략을 통해 매출을 확보한다.

- 객단가를 높이기 위해 브런치 메뉴, 베이커리 등의 사이드 메뉴를 판매한다. 단, 인건비와 초기 투자비를 줄이기 위해 가급적 외부 업체를 통해 재료를 공급받는다.

2. 한국외대(이문동) 상권분석

한국외대 주변 상권은 외대생, 경희대생의 대학생과 이문동 거주민들로 이루어진 복합상권이다. 강북 일대 지역 중 유동인구가 상당히 많은 상권으로 대학생층에 초점을 맞춘 업종들이 대부분이다. 대학상권이라고 하나 지역 주민의 수가 일반 대학상권에 비해 높기 때문에 방학 기간이라고 해도 매출의 차이가 크지 않다. 특히 커피에 대한 소비력은 대학생, 지역 주민들 모두 높은 편으로, 현재는 스타벅스를 포함한 프랜차이즈 카페의 매출이 높은 것으로 추정된다.

- **외대역~외대 정문** | 지하철 1호선 출구에서부터 외대 정문까지는 지역 주민이든 학생이든 반드시 이 거리를 지난다. 기본 매출이 받쳐주다 보니 매물이 많지 않다. 매물이 있다 해도 권리금이 매우 높게 형성되어 입점하기가 쉽지 않다.
- **외대 후문~경희대 후문** | 외대 후문과 경희대 후문이 매우 가까워서 두 학교의 학생들로 늘 붐빈다. 이미 카페들이 많이 들어서 있기 때문에 가격 경쟁이 심하다.
- **경희대 방면** | 외대 정문에서 경희대 방면으로 가는 길은 큰 상권 형성되어 있지 않다. 학생들과 지역 주민들의 이동 동선이

그려지지 않아 매력적인 상권이라 할 수 없다. 인근에 교회를 기반으로 한 대형 카페가 운영 중이기 때문에 경쟁하기가 부담스럽다.

- **석관동 방면** | 이마트와 홈플러스가 있어서 유동인구가 늘 많은 편이다. 하지만 이마트를 기점으로 외대 방면으로는 유동인구가 많지만, 석관동 방면으로는 인적이 드물다는 단점이 있다. 다만 석관동 방면에는 카페가 전혀 없으므로 인근 지역 주민들을 발길을 유도할 수도 있다.

3. 영업계획

구분	내용	비고
운영일수	연중무휴	명절 임시휴업
결제 방법	현금, 신용카드	포스 시스템 사용
서빙 방법	주문, 결제 후 셀프서비스	주문 후 음료는 고객이 픽업
메뉴 구성	에스프레소 베리에이션: 8종 핸드 드립 싱글오리진: 5~15종 스무디프라페 등 아이스 음료: 8종 차: 4종 / 제철 과일주스 등: 3종 허니브레드: 5종 / 와플: 2종 세트: 2종	메뉴의 경우 계절별로 특색 있게 구성할 수 있음
매장 이미지	원목으로 로스터리 카페의 편안한 분위기와 커피 중심적인 뉘앙스를 줌	정문 옆 로스터기 설치
가격대	저가 메뉴(2,500원)와 고가 메뉴(6,000원 이상)를 분리하여 운영함	평균 테이블 객단가 8,000원
좌석수	28(테라스 포함)	
영업시간	11:00am~11:00pm	
부가서비스	무료 리필 서비스	주문 고객에 한하여

4. 메뉴 계획

구분	메뉴명	가격대	비고
커피	에스프레소	2,500	
	아메리카노	2,500	
	카페라떼	3,000	
	카푸치노	3,000	
	바닐라라떼	3,500	
	화이트 모카치노	3,500	
	카라멜 마키아또	3,500	
	사케라또	4,000	
스무디/ 프라페	블루베리 스무디	4,500	
	망고스무디	4,500	
	키위스무디	4,500	
	딸기스무디	4,500	메뉴의 종류와 가격은
	카라멜 프라페	5,000	경쟁매장의 대응 전략에
	초코바나나 프라페	5,000	따라 수정될 수 있음. 또
	초코칩 프라페	5,000	한 원가율에 따라 가격
	녹차 프라페	5,000	이 변 동될 수 있음
차	카모마일	5,000	
	페퍼민트 루이보스	5,000	
	블루베리 루이보스	5,000	
	얼그레이	5,000	
허니브레드	카라멜 허니브레드	4,500	
	초콜릿 허니브레드	4,500	
	갈릭버터 허니브레드	6,000	
	칠리치즈 허니브레드	6,000	
	초코바나나 허니브레드	6,000	
와플	요거트/과일 와플	8,500	
	생크림/과일 와플	8,500	
세트	허니브레드 + 아메리카노 1잔	5,900	
	와플 1종 + 아메리카노 1잔	9,900	
제철 과일주스	계절별 선택	3,500	

5. 인력 운영 계획

운영 계획

구분	인원	구분	급여	비고
평일	사장	정직원	해당사항 없음	인원은 매출에 따라 조정함. 파트타임 시급은 최저임금과 상권에 따라 조정함
	점장 (10:00~19:00)	정직원	1,700,000원	
	매니저 (14:00~23:00)	정직원	1,500,000원	
	아르바이트생 (11:00~16:00)	파트타임	4,500 × 6시간 × 30 = 810,000원	
	아르바이트생 (18:00~22:00)	파트타임	4,500 × 6시간 × 30 = 810,000원	
주말	점장, 매니저 1일씩	정직원	동일	
	아르바이트생 (11:00~16:00)	파트타임	4,500 × 6시간 × 30 = 810,000원	
	아르바이트생 (18:00~22:00)	파트타임	4,500 × 6시간 × 30 = 810,000원	
인건비 총합			6,440,000원	

채용 계획

구분	인원	나이	스케줄	급여
점장	1	28~35	오픈 2주 전	1,700,000원
매니저	1	24~30	오픈 1주 전까지	1,500,000원
아르바이트생	4	20~24	오픈 5일 전까지	시급 4,500원 (법령에 따라 조정)

교육 계획

일정	시간	교육내용	대상
오픈 5일 전	14:00~18:00	전체 메뉴 평가 및 운영 매뉴얼 교육	점장
오픈 4일 전	14:00~18:00	전체 메뉴 평가 및 운영 매뉴얼 교육	매니저
오픈 3일 전	14:00~18:00	메뉴 시연 및 서비스 교육	정직원
오픈 2일 전	14:00~18:00	아르바이트생 메뉴 숙지 교육	파트타임
오픈 1일 전	14:00~18:00	전체 운영 및 서비스 교육	전 직원
오픈 당일	10:00	미팅 및 전체 교육	전 직원

6. 시설 계획

매장 계획

구분	내용	비고
실평수	25평	주방·홀 포함, 테라스 불포함
주방·바 면적	6평	바 동선을 최대한 고려
홀 면적/좌석수	15평	20석 전후
로스팅룸	2평	최소한의 면적으로 운영
영업시간	11:00am~11:00pm	명절 제외 연중 무휴
화장실	외부 화장실 이용	
테라스	3평	8석 전후

매장 레이아웃(인테리어 및 주방·바)

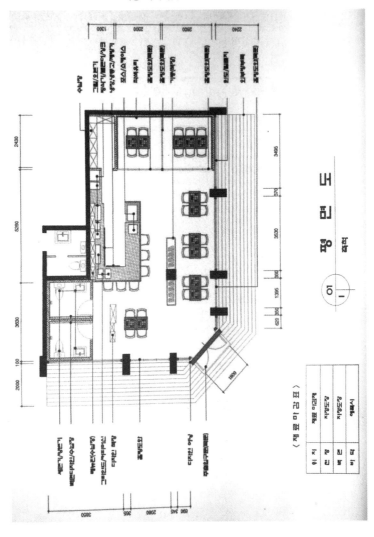

〈 제품마감표 〉

천장마감재	벽면	비닐
바닥마감재	비닐	장판
걸레받이	비닐	장판

평 면 도
축척

7. 판매 촉진 계획

준비 사항

항목	내용	비고
로고, CI 제작	오픈 한 달 전 제작 완료	창업 초기 준비
간판	로고, CI 고려 제작	최대한 눈에 띄게
현수막	상호, 오픈 예정일 등	인테리어 시 부착
사은품	머그컵 등	제작비 고려
전단지	상호, 메뉴, 약도, 연락처, 홍보 문구	저렴하지 않되 톡톡 튀게
명함	로고, CI 사용	사장, 정직원 대상
개점 음식물	떡 등 당일 판촉용	주변 건물에 배포
이벤트	오픈 당일 커피 시음 행사 등	시음과 전단지 동시 배포
쿠폰	로고, CI 활용해 무료 음료 쿠폰	마일리지 적용
배너	X배너 또는 Y배너	로고 및 메뉴 활용

준비 기간

스케줄	제작물	내용
오픈 전 20일	현수막	제작 후 매장 전면에 설치
오픈 전 10일	X배너 또는 Y배너	매장 앞 설치
오픈 전 5일	간판	건물 외관공사 완료 후 설치
오픈 전 1일	전단지	지역 신문을 활용한 배포, 길거리 배포
오픈 당일	전단지, 개점 음식물	매장 인근 상인 및 내점 고객
오픈 이후	전단지, 쿠폰	가두 배포, 내점 고객 대상

8. S.W.O.T분석

Strengths (강점)
❶ 일일 유동인구가 많다.
❷ 대학생층과 주민층의 복합상권이다.
❸ 대형마트 건물 내에 위치한다.
❹ 로스터리 카페가 거의 없다.

Weaknesses (약점)
❶ 임대료가 높은 편이다.
❷ 테라스 설치 비용이 추가된다.
❸ 로스터기의 제연 시설이 필수이다.
❹ 로스팅 시 민원 제기 가능성이 있다.

Opportunities (외부적인 환경의 기회)
❶ 쇼핑 고객의 내점 확률을 높인다.
❷ 커피 맛의 강점을 살릴 수 있다.
❸ 권리금이 없다.
❹ 화장실이 외부에 있어 전용면적이 높다.

Threats (위험요소)
❶ 경쟁 로스터리 카페의 오픈
❷ 고객의 가격 저항 가능성
❸ 낮은 진입 장벽
❹ 경쟁자들의 저가 전략

9. 인근 경쟁 카페와 비교 분석

한국외대 상권 경쟁매장의 특징

- **프랜차이즈 |** 스타벅스, 메가커피, 공차, 커피빈 등 프랜차이즈 카페가 성행하고 있다. 대부분 규모가 큰 매장으로 테이크 아웃보다는 매장 내에서 음료를 구매하는 고객이 대다수다. 주 고객은 학생이며, 프랜차이즈 카페에 대한 로열티가 높은 편으로 분석되고 있다.

개인 매장 | 한국외대 상권 인근에 대략 15개의 카페가 운영 중이다. 두 곳이 로스터리숍이고 나머지는 원두를 공급받는 편집숍이다. 로스터리숍의 경우, 맛의 차별성이 그리 크지 않으나 고객들에게 직접 로스팅하는 곳으로 각인되어 있다.

개별 매장 분석 예제

○○커피

영업시간	좌석수	매출	객단가	주메뉴	가격
10시~12시	100석	일평균 90만 원	7,000원	커피	평균 4,000원

▶ 실제로 사업계획서를 작성할 때는 가능한 한 경쟁매장은 전부 분석한다.

- **기본 콘셉트 |** 젊은 여자 연예인을 모델로해서 상큼 발랄한 이미지로 인테리어했다. 기존 프랜차이즈 카페처럼 에스프레소

가 주 메뉴다.

- **고객층** | 주민층보다는 대학생층의 고객이 다수를 이루고 있다.
- **분석** | 신생 프랜차이즈 매장으로 공격적으로 마케팅하고 있으나 실제적인 고객 유입은 크게 이루어지지 않고 있다.

10. 투자 예산 및 수지 계획

투자 비용(금액은 실제 시세에 맞게 삽입)

구분	내 용	금액(단위: 만 원)	비고
계약 관련	보증금		
	권리금		
	월세		
	부동산 수수료		
	컨설팅		
인테리어	인테리어		
	전기공사		
	가구(의자, 테이블)		
	간판		
	소품 등		
	메뉴판(벽면)		
	메뉴판(종이)		
	컴퓨터, 노트북		
	TV 등 디스플레이		
	포스		
	에스프레소 머신		

장비	로스팅 머신		
	냉장고		
	냉동고		
	제빙기		
	와플기		
	복합기		
	블렌더(믹서)		
	오븐		
	설치비		
	쇼케이스		
마케팅 및 홍보	홈페이지 제작		
	로고 제작비/명함, 쿠폰		
	도메인 구입비		
	현수막		
	전단지		
	X배너		
	유니폼		
	기타		
기타 용품	바리스타 용품		
	주방 기물		
	커피 반, 컵, 스푼		
	일회용품, 뚜껑, 캐리어		
	주방 소모품		
	시럽, 소스, 파우더		
	병음료		
합계			

고정비용 분석(예시 분석)

항목		금액(단위: 만 원)	비고
감가상각비	인테리어	30,000,000	인테리어는 5년 정액법으로 계산: 비용×0.9(잔존 가치)/60개월=금액
	감가상각비	450,000	
	주방/장비 투자비	15,000,000	주방/장비 투자비는 4년 정액법으로 계산: 비용×0.9(잔존 가치)/48개월=금액
	감가상각비	225,000	
	기타 초도비용	9,000,000	기타 초도비용은 1년 정액법으로 계산: 비용/12개월=금액
	감가상각비	750,000	
소계		1,425,000	
지불금리	인테리어비	200,000	총 투자금액의 8% 금리로 계산함 *임대보증금은 5천만 원으로 계산
	임대보증금	333,333	
	주방/장비 투자비	100,000	
	기타 초도비용	60,000	
소계		693,333	
합계		2,118,333	

▶ 금리와 제반비용들은 가상으로 계산한 것이며 현제 시세에 맞춰 적용해야 한다.

손익분기매출 계산

항목		상수	비고
변동비율설정 (40%)	원가율	30%	카페 업종의 평균적인 비율
	제경비율	10%	
고정비	인건비	6,440,000	사장 제외 6명 기준
	임대료	3,000,000	
	감가상각비	1,425,000	예시 분석 참조
	지불금리	693,333	연 8% 금리 적용
	합계	11,558,333	
손익분기 매출	금액	19,263,888	변동비율을 매출 대비 40%로 설정하면 손익분기매출은 고정비[(11,558,333)/(1-0.4)]로 계산
도산분기 최소매출	금액	15,733,333	감가상각비와 지불금리를 제외한 최소 필요매출은 고정비[(9,440,000)/(1-0.4)]로 계산

▶ 각 비용과 비율의 설정은 카페업계의 평균치를 추정하여 계산했다.

▶ 손익분기점의 매출이 19,263,888원이므로 테이블 객단가 8,000원으로 가정했을 때 한 달에 2,408번의 테이블이 채워져야 하고, 일일 평균 80번의 테이블이 채워져야 한다. 또한 하루 평균 매출은 약 65만원 이상 올려야 손익분기를 넘을 수 있다. 만약 도산분기점 아래로 매출이 나온다면 인건비를 줄이는 식으로 비용을 줄여나가야 한다.

STEP 2

매출 계획

구분	항목	최하매출	평균매출	최고매출
점심 타임	테이블 수	30	50	70
	객단가	8,000	8,000	8,000
	매출액	240,000	400,000	560,000
중간 타임	테이블 수	10	20	30
	객단가	8,000	8,000	8,000
	매출액	80,000	160,000	240,000
저녁 타임	테이블 수	30	40	50
	객단가	8,000	8,000	8,000
	매출액	240,000	320,000	400,000
합계	테이블 수	70	110	150
	객단가	8,000	8,000	8,000
	하루 매출액	560,000	880,000	1,200,000
	한 달 매출액	16,800,000	26,400,000	36,000,000
	일 년 매출액	201,600,000	316,800,000	432,000,000
비고	테이블 수는 여러 가지 변수에 따라 정확하게 산출할 수 없으나 평균적인 목표매출로 추정하여 최저, 평균, 최고 매출로 산정했음. 따라서 본 매출 계획은 현장 상황에 따라서 실제적인 숫자를 대입해야 함			

월별 손익 계획서

항목		최저매출	%	평균 매출	%	최고매출	%
총매출액		16,800,000	100	26,400,000	100	36,000,000	100
제조원가		5,040,000	30	7,920,000	30	10,800,000	30
임대료		3,000,000		3,000,000		3,000,000	
인건비	정직원	2		2		2	
	아르바이트생	4		4		4	
	총인원	6		6		6	
	합계	6,440,000		6,440,000		6,440,000	
제경비	수도광열비						
	통신비						
	홍보비						
	교육비						
	소모품						
	기타						
	합계	1,680,000	10	2,640,000	10	3,600,000	10
감가상각비		1,425,000		1,425,000		1,425,000	
지불 금리		693,333		693,333		693,333	
세전 이익		−1,478,333		4,281,667		10,041,667	

▶ 저조매출일 경우 순익이 적자가 난 경우이므로 고정비용을 조정하거 나 홍보에 좀 더 치중하는 식으로 방안을 모색해야 한다.

▶ 상기 손익은 눈에 보이지 않는 감가상각비와 지불금리를 모두 포함한 것이므로 실제적으로 손익은 더 클 수 있다.

매장 입지, 꼼꼼하게 파악하고
매의 눈으로 찍는 법

1 | 맞춤형 상권 조사하는 방법

유동인구 조사

유동인구를 조사할 때는 최소 2주간의 데이터를 확보해야 한다. 평일, 토요일, 휴일인 일요일·공휴일 각 요일별로 유동인구의 편차가 있으므로 세세하게 데이터를 구성해야 한다. 대개 평일 하루, 주말 하루 식으로 최소한으로 조사하지만, 데이터의 편차를 줄이려면 최소 2주일 이상의 조사 결과가 필요하다. 기존 조사 방법에 비해 시간과 비용 부담을 크지만 작은 투자를 통해 위험부담을 줄일 수 있다.

고객 분석 및 시간대별 유동량 조사

입지 예정 지역이 오피스 상권이라면 직장인들의 출퇴근 시간대를, 주거 지역이라면 오전 10시부터 오후 6시까지 집중적으로 조사한다. 특히 1시간 간격으로 유동인구를 분석하고 각 시간대별로 직장인, 주부, 학생 등 유동인구의 특성을 분석하는 것이 좋다. 각 시간대별로 고객의 특성에 맞춰 매장 영업 전략을 펼칠 수 있으므로 입지를 선정할 때 구체적으로 접근할 수 있다. 카페 영업이 가장 활발한 시간대인 오후 12~2시의 점심시간, 오후 6~8시의 퇴근 시간에 유동인구가 많지 않다면 향후 매출 확보에 어려움을 겪을 수 있다.

내점률 조사

후보 매장의 유동인구를 조사했다고 해서 모든 것이 다 파악된 건 아니다. 실제적으로 발생하는 매장 내점률을 조사해야 한다. 내점률이란 유동인구 100명당 매장을 방문하는 고객의 수를 백분율로 나타낸 것으로, 100명 중 5명이 방문하면 내점률은 5%다. 하루에 유동인구가 1천 명이라 할 때 내점률이 10%라면 100명의 고객이 매장을 방문할 것이라고 예상할 수 있다. 내점률을 알면 경쟁매장의 매출을 추정할 수 있고, 여기에 객단가까지 파악하면 경쟁매장의 하루 매출 또는 월 매출도 예상할 수 있으므로 향후 자신의 매장에서 발생할 매출액도 추정할 수 있다.

주요 판매 제품과 가격대 조사

유동인구를 조사할 때는 반드시 성별, 연령별 고객 분석과 고객별 구매품목 및 가격대 조사도 함께 이루어져야 한다. 이는 마케팅 전략 수립 시 타깃 고객층과 경쟁매장과 차별화할 수 있는 메인 음료의 선정, 고객이 수용할 수 있는 가격 저항선을 예상할 수 있는 중요한 분석 도구다. 여기에 각 방향에서 입체적으로 바라보는 통찰력까지 수반된다면, 지금 당장 좋은 상권에 입점하지 않더라도 향후 발전가능성이 있는 상권을 찾아내는 안목을 기를 수 있다.

2 | 맞춤형 상권 조사하는 방법

자영업의 성공 키워드 중 하나는 입지선정이다. 좋은 입지란 동대문시장처럼 의류 전문 상가들이 밀집하고 있어서 의류 구매를 원하는 고객이 멀리서도 찾아오는 곳이나 가로수길이나 홍대입구처럼 젊은 세대가 몰려드는 곳이다. 이런 1급 상권에 매장을 연다면 기본 이상의 매출을 확보할 수 있다. 그러나 1급 상권에 위치하는 매장은 임대료가 매우 높은 데다가 권리금 역시 부르는 게 값일 정도로 초기 투자비용이 크다. 매물도 쉽게 나오지 않는다. 따라서 자신의 자금규모와 카페 특성에 맞는 상권을 찾는 것이 중요하다.

상권 파악

창업을 위해 부동산 매물을 찾다 보면 도대체 어느 곳을 선정해야 할지 정확하게 판단이 잘 서지 않기도 한다. 이때는 매장을 중심으로 그 지역의 유동인구가 얼마나 되느냐를 기준으로 조사하면 된다. 매장의 평수에 따른 규모, 유동인구를 늘릴 수 있는 시설 여부, 주변 인구의 외식형태, 유동인구의 동선, 도로 및 교통시설, 상권의 규모, 지리적인 위치 등의 고려해 후보 매장의 1차 상권과 2차 상권의 범위를 선정한다.

1차 상권: 약 500m 이내(걸어서 5분 이내)
2차 상권: 500~1,000m 이내(걸어서 5~15분 이내)

그리고 1차 상권 내에서 후보 매장이 위치한 상권의 형태와 규모를 파악해야 한다. 1차 상권의 주민 수를 계산해보면 대략적으로 잠재고객이 얼마나 되는지 알 수 있다. 최근에는 인터넷을 통해 통계청 자료를 이용할 수 있기 때문에 주민 수에 대한 정보는 얼마든지 얻을 수 있다. 후보 매장이 역세권에 있다고 하면, 인근 역 사무실에서 하루 이용객 숫자를 알 수 있다.

이밖에 중소기업청에서 제공하는 상권 분석 시스템(sg.seda.or.kr/

dragon/sbdc.jsp)을 활용하면 더욱 쉽고 편리하게 상권을 분석할 수 있다.

매장 앞 유동인구 조사

물색한 후보 매장 앞을 지나다니는 시간대별, 성별, 연령대별 유동인구도 조사해야 한다. 시간적, 물리적 한계 때문에 직접 조사하지 못한다면 아르바이트 직원을 고용해서라도 반드시 확인해야 한다. 조사 도중에 미처 몰랐던 상권의 특징이나 소비 수준 등을 알게 되거나 권리금 같은 부동산시세 정보도 얻을 수 있기 때문이다.

상권 분석 시스템에서 활용해야 할 주요 항목

- **통계자료 조사** | 인구수, 세대수, 가족 구성원의 수, 주거형태
- **유동인구 조사** | 성별, 연령별, 시간대별, 요일별 유동인구 관찰
- **상권 형태 및 규모 파악** | 주간상권, 야간상권, 유동상권, 고정상권 등 상권 특성 파악
- **경쟁매장 조사** | 경쟁매장의 수, 경쟁매장의 이용객 수, 제품의 가격대, 매장의 장단점
- **상권의 향후 전망** | 대형 건물의 신축·철거 계획 및 상권의 개발 정보 확보

3 | 상권 조사하며 절대 놓치면 안 되는 것들

입점하고자 하는 상권의 특성을 제대로 파악하지 않으면 매장의 콘셉트가 고객들에게 전혀 반영되지 않을 수 있다. 그러므로 각 상권의 특성을 꼼꼼히 분석하여 카페의 형태를 결정해야 한다.

오피스 상권

직장인은 출근 시간이나 점심시간을 활용해서 카페를 방문하기 때문에 직장인을 상대로 하는 카페는 주문과 동시에 메뉴가 나올 정도로 회전율을 높여야 한다. 그리고 저렴한 가격대와 차별화된 음료들로 타 카페들과 경쟁해야 승산이 있다. 일단 자리를 잡으면 하루 매출액이 다른 카페들보다 높게 형성된다. 단, 주말이나 공휴일의 매출은 평일에 비해 매우 낮으므로 카페 휴일로 삼는 것이 좋을 수도 있다.

일반 주거 상권

주거 상권은 주 고객이 인근 주민들이기 때문에 꾸준한 매출을 목표로 매장을 운영해야 한다. 대신 초기 투자비용이나 임대료가 낮기 때문에 위험 부담이 줄어드는 장점이 있다. 주거 상권에서는 주부들이나 가족 단위의 고객이 많기 때문에 편안하게 앉아서 시간을 보낼 수 있어야 한다. 오피스 상권과는 반대로 주말에 손님이 더 많다.

번화가 및 상가지구

다른 상권에 비해 고객층이 다양하고 유동인구가 많다. 번화가의 고객층들은 제품 구매나 여가 생활을 즐기기 위한 소비층이기 때문에 구매력이 높아 매출을 올리는 최적의 입지로 여겨진다. 반면 매장의 보증금과 임대료가 매우 높고 권리금도 높게 형성되기 때문에 위험 부담이 큰 편이다. 이 상권에서는 개인 카페보다는 프랜차이즈 카페나 가맹점이 들어서는 경우가 많기 때문에 초보 카페 창업자들에게는 상당히 위험하다고 할 수 있다.

학교 및 학원 상권

대학교 인근, 재수생이 밀집한 노량진 학원가, 고시생이 밀집한 신림동 학원가 등 주 고객층이 대학생인 상권을 말한다. 이 상권에서는 입소문이 매우 빠르므로 초기 진입 시 공격적인 영업 전략을 수행하면 단시간 내에 자리를 잡을 수 있다. 다만 끊임없이 가격 경쟁을 해야 하기 때문에 자칫 무리수를 뒀다가는 모두가 공멸할 수 있으므로 철저한 원가 관리가 필수다.

유원지

대부분 자가용을 이용해 외곽으로 나들이를 가는 이들이 주 고객층이다. 소비를 목적으로 하기 때문에 메뉴에 대한 가격 저항이 크지 않아 객단가를 높일 수 있는 것이 장점이다. 하지만 유원지 인근에 포진한 많은 경쟁업체들과 차별화할 수 있는 개성을 갖추지 못하면 고객 확보에 어려움을 겪을 수 있다. 주말을 제외한 평일 오전 및 오후에는 고객이 적으므로 이에 대비하는 매출 전략을 구상해둬야 한다.

STEP 4

다시 찾고 싶은 매장 설계하기

　카페를 창업할 때면 주요 상권에서 흔히 볼 수 있는 고급스러운 분위기의 대형 프랜차이즈 카페나 골목골목 숨어 있는 아기자기하고 아늑한 분위기의 작은 카페를 예로 들면서 인테리어를 잘해야 한다는 말을 자주 듣는다. 인테리어라고 하면 내부 공간만을 생각하는 경우가 많은데, 실제로는 건물의 외관을 설계하는 익스테리어와 내부 공간을 디자인하는 인테리어를 모두 포함한다.

건물 임대 전 체크사항과 위치 구상

　무엇보다 건물을 임대하기 전 카페 업종에 대한 허가가 가능한 근린시설인지를 파악해야 한다. 그런 다음에 카페의 정체성과 감성을 잘 반영한 카페를 만들기 위해 건물 내부의 공간과 카페 업종에 대한 정확한 분석 그리고 디자인에 대해 구상해야 한다.

바 구성 시 주의사항

특히 카페는 바의 구성이 매우 중요하다. 바를 어느 쪽에 배치하느냐에 따라 테이블의 위치나 서비스의 동선이 달라진다. 일반적으로 인테리어를 전문으로 하는 업체는 바의 구성보다는 전체적인 미관을 중시하는 경우가 많다. 그러나 바 안에서 일하는 바리스타나 업주들은 바의 구성과 동선이 카페에서는 그 무엇보다 중요함을 금세 깨닫게 된다.

바의 구성 시 가장 중요한 점은 직원들이 일하기 편해야 한다는 것이다. 쉽게 말해 메뉴 제조 시 불편함이 없이 이동이나 작업이 수월한 동선이 나와야 한다는 것이다. 예를 들어 매장의 규모에 비해 쓸데없이 바를 크게 만들어서 싱크대를 작업대에서 먼 곳으로 배치하면 메뉴 제조 후 사용한 기물들을 설거지할 때 이동하느라 시간과 힘을 낭비하는 일이 벌어진다.

반대로 아기자기하게 바를 꾸민답시고 공간이 좁고 작은 바를 만들게 되면 블렌더, 오븐, 빙삭기 등의 기물을 이리저리 바 테이블 위에 비집어 넣어야 하고, 나중엔 메뉴 제조할 작업 공간이 아예 없어져 버리는 경우도 허다하다.

수납공간의 확보

그리고 다음으로 중요한 것이 바로 충분한 수납공간의 확보다. 이 부분은 258쪽 설계 도면을 보고 이야기해보자. 설계도를 자세히 살펴보면 바 테이블 뒤 공간에 메뉴판을 설치한 것을 알 수 있다. 그리고 설계도면에 메뉴판과 함께 수납장이라고 괄호 표시가 되어 있다.

바로 메뉴판 뒤에 별도의 수납공간으로 만들어 자주 쓰지 않는 접시나 컵 등을 보관하는 공간으로 활용하기 위해 수납장 형태로 만든 것이다. 또한 바 아래쪽 공간에 칸막이를 설치해 비품이나 컵, 시럽, 소스 등을 보관하고 바 옆쪽 별도 공간에서도 수납장을 확보해서 테이크 아웃컵, 냅킨, 각종 비품, 카페 부재료 등을 보관하는 창고 공간으로 활용해야 한다.

무엇보다 인테리어의 핵심은 매출 증대다. 카페는 매장의 분위기를 위한 설계와 메뉴 생산을 위한 바 설비 부분이 병행돼야 하기 때문에 인테리어 비용이 꽤 많이 드는 편이다. 요즘 들어 내·외관을 고급스럽게 꾸미는 트렌드와 장비 및 설비 부분의 고급화 때문에 점점 더 인테리어 비용이 늘어나고 있다. 비용을 많이 들인다고 매출이 보장되는 것은 아니므로 예산에 맞으면서도 카페의 정체성에 맞춰 견적을 잘 살펴봐야 한다.

공사 전 반드시 체크해야 할 사항들

효율적인 매장 설계를 위해서는 공사 전에 살펴봐야 할 것들이 있다. 건축적 요소로서 평면의 형태, 천장의 높이, 전용 면적, 천장 내부 상태, 전등의 매입 여부, 복층의 법적 문제, 기존 건물의 마감 상태, 채광, 방음, 기존 매장의 법적인 용도, 배관 시설, 냉·난방 시설, 환기 시설, 소방설비 허가, 건물의 전기 용량, 비상전력 공급 여부, 건물의 등기 문제, 건물관리소 측과의 문제, 각종 서류를 취급하는 관공서의 위치 등을 꼼꼼히 따져봐야 한다.

그러나 카페 창업자들은 일반 인테리어 업체에게 일괄적으로 맡기는 경우가 많다. 처음 계약할 때 견적과 설계도면을 받아보면서 자신의 의견을 표현하기도 하지만 대체로 업체의 의견을 따른다. 이 경우 자신이 바라던 매장의 분위기를 살리지 못하기도 하고, 처음 받은 견적보다 예산이 초과하기도 한다.

인테리어를 전문으로 하는 업체를 신뢰해야겠지만, 자신이 운영해나갈 매장의 정체성에 대해 구체적으로 설명하고 업체와 함께 논의해서 인테리어를 진행해야 한다.

전기홍의 카페 창업 X파일

초판 1쇄 발행 2021년 10월 28일
초판 3쇄 발행 2023년 7월 17일

지은이 | 전기홍
펴낸곳 | 원앤원북스
펴낸이 | 오운영
경영총괄 | 박종명
편집 | 최윤정 김형욱 이광민 김슬기
디자인 | 윤지예 이영재
마케팅 | 문준영 이지은 박미애
등록번호 | 제2018-000146호(2018년 1월 23일)
주소 | 04091 서울시 마포구 토정로 222 한국출판콘텐츠센터 319호(신수동)
전화 | (02)719-7735   팩스 | (02)719-7736
이메일 | onobooks2018@naver.com   블로그 | blog.naver.com/onobooks2018
값 | 17,000원
ISBN 979-11-7043-258-6 03320